De
Alma
Para
Alma

De Alma Para Alma

Huberto Rohden

MARTIN CLARET

Advertência do Autor

A substituição da tradicional palavra latina *crear* pelo neologismo moderno *criar* é aceitável em nível de cultura primária, porque favorece a alfabetização e dispensa esforço mental — mas não é aceitável em nível de cultura superior, porque deturpa o pensamento.

Crear é a manifestação da Essência em forma de existência — *criar* é a transição de uma existência para outra existência.

O Poder Infinito é o *creador* do Universo — um fazendeiro é um *criador* de gado.

Há entre os homens gênios *creadores*, embora não sejam talvez *criadores*.

A conhecida lei de Lavoisier diz que "na natureza nada se *crea*, nada se aniquila, tudo se transforma", se grafarmos "nada se *crea*", esta lei está certa, mas se escrevemos "nada se *cria*", ela resulta totalmente falsa.

Por isso, preferimos a verdade e clareza do pensamento a quaisquer convenções acadêmicas.

Meu Ignoto Leitor

Os mistérios do Eterno e a epopeia do mundo efêmero...
A noite milenar do cosmos e da terra e o lampejo fugaz da nossa história...
O oceano imenso da nossa ignorância e a pequenina gota do nosso saber...
O enigma do mal e o paradoxo das dores...
A estranha escala de luzes e sombras que forma a vida humana...
A eterna odisseia dos bandeirantes da verdade e dos apóstolos do bem...
A tragédia anônima dos heróis do dever e dos mártires do ideal...
A soluçante nostalgia das almas exiladas duma pátria longínqua...
A veemente gravitação do espírito em torno dum centro invisível...
O inextinguível heliotropismo da alma sonhando alvoradas em plena noite...
Visões de praias longínquas...
O vulto heril de um homem feito poema de divino poder e humana caridade —
Tudo isso, meu amigo, vibra, e canta, e chora nas páginas que a teus olhos se abrem.
Encontrarás neste livro o teu próprio Eu...
O autor é apenas intérprete e locutor do teu subconsciente...

Ele diz o que tu dirias — traduz em palavras explícitas teus pensamentos implícitos.

Dá nome aos mistérios anônimos de tua alma...

Fala do grande dia que a esta noite sucede...

Por isso, meu amigo, lê este livro como teu — e não como meu...

Lê-o, vive-o, sofre-o, não na lufa-lufa profana — mas numa hora de paz e sossego.

Lê-o como a voz do teu próprio Eu — despertada por um Tu...

Seja ele teu companheiro e amigo na jornada da vida...

Na árdua escalada das montanhas de Deus...

Nas lutas atrozes...

No solitário sofrer...

No silêncio dos homens...

Na vitória final...

Comentário aos Meus Leitores

Há mais de um decênio que este livro, em numerosas edições, está percorrendo o Brasil. Milhares de almas o leram, gozaram — e sofreram. Para muitos se tornou um "livro de cabeceira".

De Alma para Alma é o mais popular de dezenas de livros que, em meio século, me aconteceram.

O mais popular — embora não o mais profundo. É porque milhares de leitores encontraram nele o reflexo das suas próprias vivências. Numa centena de capítulos, focalizam estas páginas quase todas as situações em que o humano viajor se pode encontrar, durante a sua peregrinação terrestre. São capítulos independentes uns dos outros, que qualquer pessoa, mesmo de cultura mediana, pode ler e assimilar com facilidade.

Depois que este livro me aconteceu, num período de grandes sofrimentos, dezenas de outros me aconteceram, talvez mais profundos, embora menos conhecidos por enquanto.

De Alma para Alma é o livro ideal para presentes — aniversários, formaturas, casamentos, Natal, Páscoa, Ano Novo, etc.

Faço votos de que os leitores da presente edição encontrem nela a mesma luz e força que encontraram nas edições anteriores, e que também travem conhecimento amigável com outros livros meus, que constam da relação do fim deste volume.

Inquietude Metafísica

Se existe o centro em torno do qual gravita a pedra solta no espaço;
Se existe o sol que a planta adivinha em plena escuridão;
Se existem zonas banhadas de luz e calor que de veementes saudades enchem as aves migratórias;
— por que não existiria algures esse grande astro por que minh'alma suspira?...
— por que não cantaria, para além desses mares visíveis, o invisível país da minha grande nostalgia?...
Por que não?...
Seria o homem, rei e coroa da criação, a única desarmonia no meio dessa universal sinfonia da Natureza?
Um caos de desordem em pleno cosmos de ordem?
Não atingiria ele jamais a meta das suas saudades?
Seria ele mais infeliz que a pedra, a planta, o animal?
Seria ele um eterno Tântalo ludibriado pela miragem duma felicidade quimérica?
Seriam as mais nobres aspirações de minh'alma eternamente burladas por um gênio perverso e cruel?
E teria esse tirano o nome de Deus?
Quem poderia crer coisa tão incrível?
Que inteligência abraçar tamanho absurdo?

Creio, Senhor, na imortalidade, porque creio no teu amor!
Creio na vida eterna, porque creio na ordem dos teus mundos!
Creio no mundo futuro, porque creio na harmonia do teu Universo!

Para além de todos os enigmas e paradoxos da vida presente existem uma solução e uma verdade eterna.

Após a noite deste mundo que nos desorienta, despontará a alvorada dum dia que iluminará os nossos caminhos.

* * *

Continua, pois, Centro eterno, a atrair o meu coração, que inquieto está até que ache quietação em ti...

Continua, ó Sol divino, a encher-me de veemente heliotropismo o espírito, para que, no meio das trevas, procure a tua grande claridade...

Continua, ó tépida Primavera, a chamar das regiões polares a avezinha nostálgica de minh'alma, que só na zona tropical do teu amor encontra paz e vida eterna...

Só em ti, meu Centro, meu Sol, minha Primavera, sucederá à dolorosa inquietude do meu espírito a inefável quietude de todo o meu ser...

O Grande Anônimo

Deus — que é isto?

Deus — quem és tu?

Mil nomes te hei dado — e até hoje és para mim o grande Anônimo...

Sei que és o Eterno, o Onipotente, o Onisciente, o infinitamente Bom e Formoso — mas sei também que és muito mais que tudo isso...

E, por seres indefinível, resolvi chamar-te simplesmente "o grande Anônimo".

Assim, se não acerto em dizer o que és, pelo menos não digo o que não és.

Antes do princípio dos princípios, existias tu, o Eterno...

Paralelo a todos os tempos e espaços, existes tu, o Onipresente...

Tu és o único ser auto-existente no meio dos seres alo-existentes...

Tu és o único produtor não produzido, a causa única não causada, o único pai sem filiação...

Eu sou uma feliz exceção do Nada — tu és a mais veemente afirmação do Tudo.

Eu semi-existo — porque tu pleni-existes...

Eu existo, porque me deste o ser — tu és em virtude da tua própria essência.

Eu poderia não existir, e houve infinitas eternidades em que este átomo humano não existia — tu não podes deixar de ser; tu és com absoluta necessidade.

Contemplo a mim mesmo, e com imensa estupefação verifico que existo — quando era tão bem possível, e até muito mais verossímil, a minha não-existência.

Como é possível que eu exista — quando em torno de mim negrejam imensos abismos de inexistência?

Como foi que esta pequenina ilha do Ser emergiu do tenebroso oceano do Não-ser?

E como é que este minúsculo átomo de Algo se equilibra nos ilimitados espaços do Nada?

Não me creasse, ó Eterno, o teu poder; não me sustentasse o teu amor — e é certo que o meu Ser nunca teria surgido da tétrica noite do Não-ser, ou nela teria recaído logo na alvorada da minha existência.

Por ti, o meu Nada se tornou Algo...

Por ti, a minha noite se tornou dia...

Por ti, o meu vácuo se fez plenitude...

Por isso, meu eterno e indefinível Anônimo, sinto-me feliz em integrar a pobre gotinha do meu pequenino Eu humano no mar imenso do teu grande Tu divino.

Eu quero fé — uma fé prodigiosa, capaz de encher integralmente os grandes vácuos que estão dentro do meu ser...

Eu quero alegria — muita alegria, para esconder sob a plenitude dela a amargura que encontro sempre no fundo das minhas taças...

Eu quero a tua graça — a graça inefável de guardar-te, por entre as sombras da vida, um amor vigilante e sereno que não tenha medo da tua cruz...

Eu quero a ti mesmo — ó Ser anônimo de mil nomes, porque sem ti me é insuportável o próprio Eu...

A Plenitude da Simplicidade

Disseram-me um dia, Senhor, que tu existias antes que ser algum existisse.

E eu pensei com terror nessa tua eterna solidão — e quase tive pena de ti.

Não sabia eu, nesse tempo, que o teu eterno existir não era uma eterna solidão, um vácuo imenso, um deserto metafísico — mas sim uma eterna epopeia de luzes e cores, um drama de intensa atividade, um universo de exuberante beleza.

Dentro do teu divino *poder* fulgia um sol imenso de *saber* e cantava um paraíso de *querer* — e onde há poder, saber e querer, existe a plenitude da felicidade.

Todas as energias do poder que, em pequeninas parcelas, andam esparsas pelo vasto panorama do cosmos — residem, centralizadas, em ti, ó Pai eterno.

Todas as luzes do saber que, com flamas celestes, iluminam inteligências angélicas e humanas — estuam no teu seio, ó Filho eterno.

Todos os incêndios do querer que, em vivas labaredas, ardem em milhares de corações amantes — lavram com ilimitada potência, em tuas profundezas, ó eterno Espírito Santo.

A eterna Divindade era um eterno intercâmbio de potência e amor.

Para a nossa acanhada concepção humana, parece a multiplicidade excluir a unidade — mas, no seio da Divindade, atinge a pluralidade o mais alto zênite da unicidade.

Tão absoluta e inexorável é a unicidade do seu Ser, que nenhuma pluralidade do Agir vale destruir-lhe a unidade.

Ainda que pluri-color seja a luminosa faixa creada pelo prisma triangular, não deixa a luz solar de ser essencialmente uni-color — porque oni-color.

Nós, as creaturas, somos simples por deficiência — o Creador, porém, é simples por abundância.

Nós, para não pôr em perigo a nossa relativa simplicidade, temos de evitar solicitamente a multiplicidade — para que a força centrífuga da dispersão não nos destrua a força centrípeta da coesão.

Tu, porém, meu Deus, podes aventurar-te aos mais longínquos horizontes da aparente dispersão sem perder a mais perfeita centralização — tão grande é o poder da tua unidade...

Ó mistério da incompreensível Divindade!

* * *

Por que pretendes, ó homem, abranger com o finito o Infinito?
Por que queres eclipsar com uma lanterna fulgores do sol?
Por que estranhas que o oceano não caiba numa concha?
Cala-te!... Crê!... Ama!... Adora!...

Os Primogênitos da Luz

Antes do princípio dos princípios, eras tu — Espírito eterno...
Tão profundo era o oceano do teu Ser, que, por todos os litorais, transbordou — gotas de plenitude da Tua Essência se difundiram pelas plagas do Nada da existência.

Tão imenso era o sol da tua inteligência e vontade — que da plenitude dos seus incêndios saltaram centelhas para a vacuidade das zonas circunjacentes...

Tão feliz eras tu na posse consciente das tuas infinitas perfeições — que quiseste comunicar a outros seres a veemência da tua beatitude...

Mas não existia ser algum fora de ti — faltava o alvo que receber pudesse a exuberância da tua imensa plenitude...

Veio então o teu divino poder em socorro ao teu ardente amor — creou a tua potência um objeto para tua bem-querença...

Foi então que, sobre os eternos abismos do Nada, ecoou o primeiro *fiat* dos lábios divinos: Haja seres!

E eis que, no mesmo instante, surgiram na noite cósmica as estrelas matutinas do universo!...

Milhares e miríades de espíritos responderam com a voz da existência ao brado que repercutiu pelo deserto da inexistência...

Filhos primogênitos do divino poder — na alvorada virgem do teu amor...

Qual imensa via-láctea, circundaram o teu trono, ó Eterno — as primícias do mundo espiritual...

Qual arco-íris de luz, cingiram com suas magnificências o astro divino — fonte dos seus etéreos primores...

Preclaras inteligências, vontades retíssimas, seres dotados de indizível formosura — eram esses espíritos as mais perfeitas imagens da Divindade...

Prismas diáfanos, que em epopeias multicores refrangiam a luz incolor do sol divino...

Limpíssimas gotas d'orvalho que, na madrugada do cosmos, cintilavam, trêmulas de felicidade — à luz matutina do teu amor...

Como era possível, meu Deus, creares seres tão perfeitos — sem serem divindades?...

Como conseguiste afirmar o trono do teu supremo e único monoteísmo — no meio dessas legiões de quase divino poder, sabedoria e beleza?...

Tão divinamente belos e fortes eram esses sopros da tua onipotência creadora, que muitos, deslumbrados de si mesmos, julgaram ser Deus...

Esqueceram-se de que eram raios solares — e não sóis...

E, no momento em que esses raios solares proclamaram a sua orgulhosa independência — separaram-se da fonte da luz...

Mergulharam nas trevas.

Meteoros noturnos, erram esses espíritos náufragos pelos mundos de Deus.

Repletos de trevas — conspiram contra todas as luzes...

Infelizes — querem infelicitar todos os seres...

Sem amor — odeiam os filhos do amor...

Luz — sem calor...

Meteoros gelados...

O Enigma da Matéria

Miríades de seres inteligentes circundavam o trono do Eterno...
Lampejos da sua luz — veementes afirmações de pura espiritualidade...
De súbito, foram os seus hinos e hosanas tragados pelo mais profundo silêncio...
E pelo universo dos espíritos ecoou um brado inteligente — de estupefação...
Que acontecera?...
Creara Deus o que parecia a mais formal negação da divindade — a matéria!...
Como era possível que um Ser tão imperfeito saísse das mãos da infinita perfeição?...
Tão primitivo era esse Ser que antes parecia caricatura do que creatura — quase um ludíbrio do Creador...
Tão longe estava a matéria do centro da espiritualidade, que mal se equilibrava na extrema periferia das coisas reais — lá onde termina o Algo e principia o Nada...
Apenas, por um triz, por uma linha indivisível, por um átomo imponderável, escapara a matéria do oceano do irreal nas praias do real...
Mais um grau de imperfeição — e ela recairia na noite eterna do vácuo...

Como podia o pleni-Existente produzir esse ser semi-existente — quase inexistente?

Como podia a ínfima impotência ser efeito da suprema Onipotência?...

Pasmaram, estupefatos, os espíritos celestes, dessa divina temeridade, que tão longe cravava as balizas do real sem se afogar no vácuo do irreal...

Como podia o Saber Infinito crear um ser sem inteligência?...

Um Ser privado de vontade — Ele, a vontade Onipotente?...

Uma creatura sem espírito — Ele, o Espírito Eterno?...

Aos olhos dos espíritos celestes, que até então só conheciam realidades espirituais, afigura-se-lhes a origem da matéria um enigma, um súbito eclipse em pleno dia — quase um malogro da potência do Altíssimo...

Nenhum vislumbre de espiritualidade valorizava essa nebulosa amorfa, esse caos de átomos dispersos...

Ser mais primitivo, imperfeito e elementar não era possível imaginá-lo.

Suspeitariam os espíritos celestes que, no seio desse caos, dormitava o cosmos?...

Achariam possível que a infinita potência e sabedoria do Creador encerrasse em cada uma das partículas materiais tão poderosas virtudes que, através dos séculos e milênios, levariam o mundo de perfeição em perfeição — a um poema de harmonia e beleza?

O que tão imperfeito parecia a princípio acabaria por se revelar veículo de infinita sapiência...

O espírito de Deus...

Sobre as asas da evolução...

Entre Dois Mundos

Estendera o Eterno, de um a outro extremo, a sua potência creadora — desde os puros espíritos até a matéria bruta.

Desde a mais alta vida intelectual — até a mais profunda negação do intelecto.

Entretanto, não atingira ainda o Eterno o extremo limite de sua divina audácia...

Restava-lhe ainda o mais temerário e paradoxal de todos os atos — a união do espírito e da matéria.

Seria possível fundir em um único ser a luz dos puros espíritos — e a noite da matéria inerte?...

Reduzir a uma síntese essas duas antíteses?...

"E disse o Senhor: Façamos o homem — e fez Deus, da substância da terra, um corpo e inspirou-lhe na face o espírito vivente"...

E ergueu-se, no meio da natureza virgem, esse paradoxo ambulante, esse enigma anônimo, essa indefinível esfinge, semi-animal e semi-anjo — o homem...

Quando os espíritos celestes viram o homem, exultaram sobre a sua grandeza e choraram sobre a sua miséria...

Cristalizaram-se, na alma humana, essas centelhas de júbilo e essas lágrimas de dor — e formaram um mar imenso de doce amargura e inextinguível nostalgia...

Principiou, então, neste mundo visível, a luta entre a luz e as trevas — entre o bem e o mal...

A história da humanidade...

Têm os puros espíritos sua pátria — lá em cima...

Tem a matéria bruta sua sede — cá embaixo...

Mas onde está a pátria do espírito-matéria?...

Na terra? — protesta o espírito!

No céu? — protesta a matéria!

Entre o céu e a terra? — mas lá se erguem os braços duma cruz!

É por isso mesmo que o mais humano e mais divino dos homens expirou entre o céu e a terra — na sua pátria cruciforme...

"Não havia lugar para ele" — em outra parte...

E é por isso mesmo que os melhores dentre os homens são sempre crucificados...

Não os compreende a terra — nem os acolheu ainda o céu...

E assim, entre o céu e a terra, vive o homem esta vida dilacerada de angústias e paradoxos.

Sem pátria certa...

Em perene exílio...

Oscilando entre a matéria e o espírito...

Lutando...

Sofrendo...

Amando...

Até que a matéria volte à matéria...

E o espírito ao Espírito...

Sintetizando dois mundos...

Em Deus...

Entre a Curva e a Reta

Colocou Deus o homem no início da grande jornada — e mostrou-lhe o termo longínquo a atingir.

Dois caminhos havia que levavam à meta final — a reta e a curva.

A linha reta da inocência — e a linha curva da culpa e da redenção.

Desprezou o homem a reta — e preferiu a curva, afastando-se de Deus...

Podendo ser suavemente feliz pelo conhecimento da "árvore da vida" — quis ser amargamente infeliz pelo conhecimento da "árvore do bem e do mal".

Conhecedor da face luminosa da vida — quis conhecer-lhe o tenebroso reverso, para amar tanto mais a luz depois de conhecer as trevas.

Mas, tão grande é o poder de Deus, que pode dar ao homem plena liberdade para abrir ao máximo a grande parábola dos seus desvarios — na certeza de que acabaria por fechá-la, um dia, pela compreensão.

Pode a divina potência fazer com que o homem queira livremente o que nem à força queria.

Todas as águas partem do mar — e todas as águas voltam ao mar...

Quem julgaria possível que as águas que, em estado vaporoso, sobem do seio do mar, tangidas por todos os setores do universo, voltassem um dia à sua origem?

Essas torrentes, esses rios, esses arroios, essas pequeninas fontes?

Entre esses dois pólos, a ida e a volta, identificados num oceano, ficam Alpes e Pirineus, Andes e Himalaias, Etnas e Vesúvios, Chimborazos e Everestes, Saaras e Sibérias; ficam esses milhares de quilômetros que vão das nascentes aos estuários do Amazonas, do Nilo, do Mississípi, do Reno, do Danúbio, do Ganges, do São Francisco, do Prata, de todos os gigantes e pigmeus do elemento líquido.

Quem fixar os olhos nessas distâncias enormes, nesses obstáculos, dificilmente crerá numa só água e num só oceano.

E quem conhece a história da humanidade, esse drama multimilenar de erros e aberrações — como poderia convencer-se da fusão harmônica de todas as desarmonias?

E, no entanto, exige a majestade de Deus essa harmonia final.

Não pode o Eterno assistir à ruína da sua obra.

Não chamaria o Ser poderoso, sábio e bom, à existência um mundo de seres, na previsão certa de que ele falharia o seu verdadeiro destino.

Quando a humanidade tiver percorrido toda essa vasta trajetória dos seus desvarios, todos os espaços noturnos do erro, do pecado, da rebeldia, do orgulho, da luxúria, da iniquidade sob todos os aspectos — então entrará em si e dirá: "Voltarei à casa de meu pai"...

E, convencido da impossibilidade duma ego-redenção, na certeza de que a torre de Babel do seu orgulho nunca atingirá o céu das suas saudades — começará o homem a fechar a grande curva da culpa pela sincera conversão dos seus desvarios...

As próprias sombras do mal são obrigadas a cantar as grandezas de Deus, no gigantesco painel do Universo...

Ó felix culpa!

Tua Alma

Tua alma é uma luz — não a extingas...
Tua alma é uma harpa — não a destemperes...
Tua alma é um espelho — não o embacies...
Tua alma é uma flor — não a deixes murchar...
Tua alma é uma fonte — não lhe turves as águas...
Tua alma é um santuário — não o profanes...
Tua alma é um poema — não lhe roubes a poesia...
Tua alma é uma virgem — respeita-lhe a pureza...
Tua alma é um mistério — silencia-lhe os segredos...
Tua alma é um arco-íris — contempla-lhe os primores...
Tua alma é livre — não a escravizes...
Tua alma é um sopro de Deus — defende-lhe a vida divina...

* * *

Se tudo isso é tua alma, ó homem, por que não fazes a tua vida à imagem e semelhança de tua alma?...

Não foi o corpo que produziu a alma — é a alma que produz o corpo...

É a alma espiritual que arquiteta o edifício material de teu ser...

É a alma que forma as carnes, que difunde o sangue, que arma os ossos, que distende os nervos, que desdobra a pele — que confere vida ao organismo inerte!

É a alma o princípio ativo que domina o elemento passivo...

É a alma que pensa e quer, que sente e ama, que imagina e recorda...

É a alma que de maravilhas de ciência e arte inundou a face da terra...

É a alma que num cosmos de ordem transforma o caos da matéria...

É a alma que sobrevive imortal ao corpo mortal...

É a alma que, para uma vida nova, ressuscita o corpo desfeito...

Se tudo isso faz a alma, meu amigo, por que dás ao corpo as 24 horas do dia — e nenhuma hora à alma?

Por que não lhe dás, em carinhosa solicitude, ao menos uma hora por dia?...

Por que não a enriqueces, quando pobre?

Por que não a curas, quando enferma?...

Por que não a libertas, quando escrava?...

Por que não a robusteces, quando fraca?...

Por que não a alimentas, quando faminta?...

Por que não lhe dás de beber, quando sequiosa?...

Por que não lhe dás um banho solar, quando saudosa da luz?

Por que não a fazes respirar na atmosfera divina, quando desejosa de Deus?...

Tem caridade com tua alma, ó homem — porque tua alma é tua vida...

Tua alma és tu mesmo...

O credo da ciência

Meu caro amigo. Recebi tuas felicitações — muito obrigado.
Atingi o "vértice da pirâmide" — dizes.
Enchi de mil conhecimentos o espírito — é verdade.
Cinge-me a fronte o laurel de doutor — sou acadêmico.
Entretanto — não me iludo...
Quase todo o humano saber — é crer...
Nossa ciência — é fé.
Creio no testemunho dos historiadores — porque não presenciei o que referem.
Creio na palavra dos químicos e físicos — porque admito que não se tenham enganado nem me queiram enganar.
Creio na autoridade dos matemáticos e astrônomos — porque não sei medir uma só das distâncias e trajetórias siderais.
Tenho de crer em quase todas as teses e hipóteses da ciência — porque ultrapassam os horizontes da minha capacidade de compreensão.
Creio até nas coisas mais quotidianas — na matéria e na força que me circundam...
Creio em moléculas e átomos, em elétrons e prótons — que nunca vi...
Creio nas emanações do *radium* e nas partículas do *helium* — enigmas ultramicroscópicos.

Creio no magnetismo e na eletricidade — esses mistérios de cada dia.

Creio na gravitação dos corpos sidéreos — cuja natureza ignoro.

Creio no princípio vital da planta e do animal — que ninguém sabe definir.

Creio na própria alma — esse mistério dentro do Eu.

Não te admires, meu amigo, de que eu, formado em ciências naturais, creia piamente em tudo isso...

Admira-te antes de que haja quem afirme só admitir o que compreende — depois de tantos atos de fé cotidiana.

O que me espanta é que homens que vivem de atos de crença descreiam de Deus — "por motivos cicntíficos".

Homem! tu, que não compreendes o artefato — pretendes compreender o Artífice?

Que Deus seria esse que em tua inteligência coubesse?

Um mar que coubesse numa concha de molusco — ainda seria mar?

Um universo encerrado num dedal — que nome mereceria?

O Infinito circunscrito pelo finito — seria Infinito?

Convence-te, ó homem, desta verdade: só há duas categorias de seres que estão dispensados de crer: os da meia-noite — e os do meio-dia...

As trevas noturnas do irracional — e a luz meridiana da Divindade...

O insciente — e o onisciente...

Aquele por incapacidade absoluta — este por absoluta perfeição...

O que oscila entre a treva total do insciente e a luz integral do onisciente — deves crer...

Deves crer, porque a fé se move nesse mundo crepuscular, equidistante do vácuo e da plenitude, da meia-noite e do meio--dia...

O Filho do Homem

Apareceu um homem, entre esses milhões de habitantes terrestres...

E esse homem veio tornar-se o centro da história da humanidade.

Não fez descobertas nem invenções, não derrotou exércitos nem escreveu livros — esse homem singular.

Não fez nada daquilo que a outros homens garante imortalidade entre os mortais — o que nele havia de maior era ele mesmo...

Pelo ano do seu nascimento datam todos os povos cultos a sua cronologia.

Possuía esse homem exímios dotes de inteligência — e infinita delicadeza de coração.

A sua vida se resume numa epopeia de divino poder — e num poema de humano amor.

Havia na vida desse homem uma pátria e uma família — mas também um exílio e uma solidão.

Havia inocentes com um sorriso nos lábios — e doentes com lágrimas nos olhos.

— Havia apóstolos — e apóstatas...

Brincava nos caminhos desse homem a mais bela das primaveras — e espreitava-lhe os passos a mais negra das mortes.

Esse homem vivia no mundo — mas não era do mundo...

Quando chegou, "não havia lugar para ele na estalagem" — e quando partiu, só havia lugar numa cruz, entre o céu e a terra.

Esse homem não mendigava amor — mas todas as almas boas o amavam...

Era amigo do silêncio e da solidão — mas não conseguia fugir ao tumulto da sociedade, porque "todos o procuravam"...

Irresistível era o fascínio da sua personalidade — inaudita a potência das suas palavras...

Todos sentiam o envolvente mistério da sua presença — mas ninguém sabia definir esse estranho magnetismo...

Era uma luminosa escuridão — esse homem...

Não bajulava nenhum poderoso — e não espezinhava nenhum miserável...

Diáfano como um cristal era o seu caráter — e, no entanto, é ele o maior mistério de todos os séculos...

Poeta algum conseguiu atingir-lhe as excelsitudes — filósofo algum valeu exaurir-lhe as profundezas...

Esse homem não repudiava Madalenas nem apedrejava adúlteras — mas lançava às penitentes palavras de perdão e de vida...

Não abandonava ovelhas desgarradas nem filhos pródigos — mas cingia nos braços a estes e levava aos ombros aquelas...

Esse homem não discutia — falava simplesmente...

Não esmiuçava palavras nem contava sílabas e letras, como os *rabis* do seu tempo — mas rasgava imensas perspectivas de verdade e beatitude...

Por isso diziam os homens, felizes e estupefatos: "Nunca ninguém falou como esse homem fala!"...

Para ele, não era o esquife o ponto final da existência — mas o berço para a vida verdadeira...

Por isso, vivem por ele e para ele os melhores dentre os filhos dos homens — porque adoram nesse homem o homem ideal, o homem-Deus...

Fontes Eternas

Alma sequiosa, vai beber as águas vivas do espírito!

Bebe essas águas na própria fonte, lá onde brotam, puras e cristalinas, dos rochedos da eternidade.

Quatro fontes abriu Deus à humanidade sedenta de todos os séculos, quatro — mas no interior do rochedo é uma fonte única.

"Bebereis com alegria das fontes do Salvador!"

"Quem beber desta água nunca mais terá sede de outras águas.

"Bebereis das águas do rochedo"...

"O rochedo, porém, é o Cristo."

Como aquelas quatro torrentes que regavam o paraíso terrestre — assim banha a quadrúplice fonte dos Evangelhos o vasto jardim do mundo cristão.

Procuram os homens canalizar essas fontes divinas através da sua literatura religiosa — e fazem bem.

Fazem bem quando ajudam as almas a beber a água cristalina dessas fontes.

Fazem bem quando não ocultam às almas sedentas a origem divina das torrentes captadas em humanos canais.

Fazem mal quando pretendem vedar os homens de subir até as águas vivas do rochedo de Deus.

Fazem mal imenso quando os canais condutores segregam óxidos nocivos que intoxicam as almas que bebem das águas canalizadas.

Alma sequiosa, sobe às montanhas eternas!

Pede a Mateus, Marcos, Lucas e João que te guiem à nascente das águas vivas do Salvador.

Abeira os lábios ardentes a essas águas puríssimas que jorram no seio do Evangelho.

Aqui está a pureza absoluta!

Aqui o intacto frescor da linfa divina!

Aqui o cristalino licor das palavras de Jesus!

Não há livros nem lábios humanos, por mais sábios e santos, que possam suprir o que de si mesmo disse o Cristo e dele escreveram seus discípulos.

O Evangelho é como a luz solar, que atua insensivelmente sobre a alma exposta à sua celeste claridade.

Irradia, em discreto silêncio, luz e calor, energia e beleza, verdade e vida, paz e amor, alegria e felicidade.

Dentre as 24 horas do teu cotidiano viver, reserva uma hora diária para esse banho de luz, ao sol do Evangelho.

E esta hora de diatermia espiritual valerá mais para tua vida verdadeira do que as restantes horas de lufa-lufa profana.

Esse banho solar dará ao teu espírito saúde e vigor, força e beleza, serenidade no sofrimento, resistência na luta, justiça e caridade na vida social, paz interior e profunda felicidade da alma.

Sobe, meu amigo, às montanhas eternas...

Bebe, na própria fonte, as águas da Divindade...

O Que o Evangelho Diz — e Não Diz

Ensinam os mestres humanos doutrinas profundas — vive o Cristo uma vida perfeita e morre uma morte heróica.

Por isso são aqueles de ontem e anteontem — o Cristo de ontem, de hoje e de amanhã.

Por isso são admirados os mestre humanos — e amado o profeta de Nazaré.

Analisam os homens verdades inteligíveis — rasga o Filho de Deus perspectivas de vida eterna.

O Cristo é hoje mais atual do que no século primeiro — giram em torno dele os pensamentos de todos os homens...

Mais de 50 mil obras foram, em centenas de línguas, escritas sobre ele — e continua o Cristo a ser o "Deus Desconhecido".

Há tempos que o Cristo transpôs o recinto dos templos e as páginas da teologia especulativa.

Dele se ocupam o acadêmico e o artista, o negociante e o industrial, o crente e o descrente — amigos e inimigos.

Kant e Bergson, Chesterton e Renan, Murray e Barbusse, Keyserling e Papini, Rojas e Mauróis, todos os modernos e ultramodernos escrevem o que dele sabem ou julgam saber.

Toyohiko, o Dostoiévski oriental, no bairro operário de Kobe, escreve estranha novela: *Antes da Alva* — drama duma alma em busca da luz.

Gandhi e Tagore falam do Nazareno — e não decifram a esfinge.

Expira Livingstone às margens do Tanganica — proclamando do coração africano as glórias do Cristo.

Mahatma Gandhi e Albert Schweitzer falam do Cristo aos asiáticos e africanos.

Pioneiros da fé aos milhares o apregoam do Alasca ao Cairo — desde os pólos até o equador.

Mas não valem 50 mil obras nem milhões de bocas dizer mais do que dele dizem os toscos fragmentos de Mateus e Marcos, de Lucas e João.

E mais do que nas linhas se lê, adivinha-se nas entrelinhas...

Ó Jesus! se tão admirável é o que de ti diz o Evangelho — quão estupendo deve ser o que de ti calou!

Se tanto dizem os sacros fragmentos que possuímos — quanto não entredizem as lacunas que entre eles se abrem!...

Se tão belo é o que, por dizível, foi dito — quão sublime será o que, por indizível, não foi dito!...

Se tão vasto é o dia luminoso do que contemplamos — quão profunda deve ser a noite estrelada do que ignoramos!...

Leio nos dizeres evangélicos, ó Nazareno, o poema da tua vida terrestre — e adivinho-lhe nas reticências a epopeia dos teus mistérios divinos...

Não, não quero saber o que mais disseste e fizeste — quero ter a liberdade de voar por espaços ignotos...

Quero inebriar minh'alma com o que não foi escrito em parte alguma...

Quero voar para além de todos os litorais — para além de todas as atlântidas, galáxias e nebulosas...

Para encontrar o que nunca foi dito nem escrito de ti — por indizível e indescritível...

Quero ler o Evangelho inédito!

O Evangelho do eterno silêncio...

A ti mesmo, ó Cristo...

Evangelho divino...

O Carpinteiro Galileu

Jesus, o carpinteiro galileu...
Não foi médico — e cura todas as enfermidades...
Não foi advogado — e explica os princípios básicos de toda lei...
Não foi escritor — e inspira as maiores obras da literatura mundial...
Não foi poeta nem músico — e é a alma de todos os poemas e de toda a música da vida...
Não foi orador — e é o intérprete de todos os corações...
Não foi literato — e escreveu no livro dos séculos a mais bela página...
Não foi artista — e enche de luz os gênios de todos os tempos...
Não foi estadista — e fundou as mais sólidas instituições da sociedade...
Não foi general — e conquistou milhões de almas e países inteiros...
Não foi inventor — e inventou o elixir de perene felicidade...
Não foi descobridor — e descobriu aos mortais mundos encantados de imortalidade...
Jesus, o carpinteiro galileu...
Diáfano como um cristal — e misterioso como a noite...

Sublime como as excelsitudes de Deus — e amigo das misérias humanas...

Severo como um juiz — e carinhoso como uma mãe...

Terrível como a tempestade — e meigo como a luz solar...

Amigo de Madalenas contritas — e inimigo de fariseus impenitentes...

Humilde entre vivas e hosanas — sereno entre morras e *crucifiges*...

Jesus, carpinteiro galileu...

Nós, os mortais, te amamos — porque nos amaste.

Cremos em ti — porque és o caminho, a verdade e a vida...

Em ti esperamos — porque o teu reino não é deste mundo...

Não podemos viver sem ti — porque és a alma da nossa vida e a vida da nossa alma.

Não podemos lutar sem ti — porque és o sustentáculo em nossa fraqueza e a vitória em nossas derrotas...

Não podemos sofrer sem ti — porque és o bálsamo das nossas chagas e a aurora das nossas noites...

Nada sabemos sem ti — porque és a sede de toda a ciência e sabedoria...

Nada sabemos sem ti — porque és o único fator positivo no meio dos nossos zeros...

Intolerável nos é o mundo sem ti — porque intolerável nos é o próprio ego.

Contigo nos é fácil todo o difícil — porque suave é o teu jugo e leve o teu peso...

Somos infelizes sem ti — porque inquieto está nosso coração até que ache quietação em ti...

Por ti vivemos e por ti queremos morrer — porque és a ressurreição e a vida eterna...

Jesus, carpinteiro galileu...

Porque em ti se revelou o Cristo divino...

Máximas de um Pobre Operário

Amarás o Senhor, teu Deus, com toda a tua alma, com toda a tua mente, com todo o teu coração e com todas as tuas forças.

Faze aos outros o que queres que os outros te façam...

Quando deres esmola, não saiba a tua mão esquerda o que faz a direita.

Há mais felicidade em dar do que em receber.

Perdoai aos homens — e sereis perdoados por Deus.

Amai os vossos inimigos, fazei bem aos que vos fazem mal, orai pelos que vos perseguem e caluniam — para serdes filhos do Pai celeste, ele, que faz nascer o seu sol sobre bons e maus, faz chover sobre justos e pecadores...

Não podeis servir a dois senhores — a Deus e às riquezas.

Mais fácil é passar um camelo pelo fundo duma agulha do que um rico entrar no reino de Deus.

Dai de graça o que de graça recebestes.

Quem se humilhar será exaltado — quem se exaltar será humilhado.

Dai a César o que é de César — e a Deus o que é de Deus.

Eu vim para servir — e não para ser servido.

Arranca primeiro a trave do teu olho — e depois verás como tirar o argueiro do olho de teu irmão...

O que fizerdes ao menor de meus irmãos — a mim é que o fazeis.

Se não vos tornardes como as crianças, não entrareis no reino dos céus...

Tudo é possível àquele que tem fé.

Quando um cego conduz outro cego — ambos vêm a cair na cova...

Quem perder a sua vida por minha causa — ganha-la-á...

O que entra na boca não torna o homem impuro — mas sim o que sai do coração...

Quem dentre vós quiser ser o maior — torne-se o servidor de todos...

Eu sou o caminho, a verdade e a vida...

Eu sou a luz do mundo — quem me segue não anda em trevas...

Larga é a estrada que conduz à perdição — estreito é o caminho que conduz à vida...

Não andeis inquietos pelo que haveis de comer, beber e vestir — considerai as aves do céu, que não semeiam, nem ceifam nem recolhem em celeiros — e o Pai celeste lhes dá de comer...

Considerai os lírios do campo, como crescem: não trabalham nem fiam — e, no entanto, nem Salomão em toda a sua glória se vestiu jamais como um deles...

Se alguém te ferir na face direita — apresenta-lhe também a outra...

Se alguém te roubar a túnica — cede-lhe também a capa...

Se alguém te obrigar a acompanhá-lo por mil passos — vai com ele dois mil...

Este é o meu mandamento: que vos ameis uns aos outros assim como eu vos tenho amado... Por isso há de o mundo conhecer que sois discípulos meus...

A vida eterna é esta: Conhecerem-te a ti, único Deus verdadeiro — e o Cristo, teu Enviado...

Por Que Sofrer?

Perguntaram os discípulos a Jesus: "Mestre, quem pecou para que este homem nascesse cego: ele ou seus pais?"

Respondeu-lhes o Mestre: "Nem ele nem seus pais pecaram, mas isso aconteceu para que nele se manifestassem as obras de Deus."

Por que sofremos?, perguntaram os homens em face da lúgubre esfinge.

Sofremos porque nossos pais pecaram — dizem uns — e nós herdamos seu débito...

Sofremos — dizem outros — porque nós mesmos pecamos em tempos remotos, e pagamos dívidas antigas...

Será verdade? Sofremos apenas para pagar débitos passivos? Débitos contraídos, ou débitos herdados?...

Terá o sofrimento caráter puramente negativo? Será só aterrar abismos — e nada de erguer montanhas?...

Só para pagar débitos — e não para acumular crédito?

Se o Nazareno não nega aquilo — afirma com toda a decisão isto último...

Pode o homem sofrer para revelar a glória de Deus, revelando-se a si mesmo — e que haveria de mais positivo?

Se, como sofredores passivos, somos filhos da humanidade pecadora — como sofredores ativos somos redentores de nós mesmos.

Pagamos uma parcela do débito coletivo — e creamos crédito individual.

Revelamos a glória de Deus — aperfeiçoando a nossa alma...

O sofrimento é um grande escultor...

Liberta-nos do apego ao mundo corpóreo — e ergue-nos às alturas do universo espiritual.

Redime-nos da obsessão do nosso egoísmo — realizando em nós o Eu divino...

Consome a poeira da nossa vaidade — na fornalha de martírio atroz...

Abatem-se os montes do nosso orgulho — ao furor de dolorosa tempestade.

Sara a grangrena da nossa luxúria — ao fogo de cautério cruel...

Assim como a corrente elétrica só faz incandescer o fio metálico quando encontra grande resistência — assim só brilha o espírito humano em face da luta...

Revoltar-se contra a dor — é sinal de incompreensão...

Capitular em face da dor — é prova de fraqueza...

Espiritualizar-se pela dor — é afirmação de poder espiritual.

Sofre o estóico, em passiva resignação, porque não pode evitar a adversidade.

Sofre o revoltado como sofre o escravo inerme e com taciturno protesto contra iníquo opressor...

Sofre o cristão, porque o Cristo sofreu — e assim entrou em sua glória...

E, ainda que pudesse na glória entrar sem sofrer — não quereria nela entrar senão pela porta do seu Redentor...

Somente via Calvário quer o discípulo do Cristo subir ao Tabor...

Quer por amor ao Cristo sofrer o que o Cristo por amor sofreu...

Como Um Pombo-Correio

Levaram minh'alma para longe da pátria querida — e soltaram-na em terra estranha...

E ela, qual pombo-correio, norteando-se, ergueu voo, rumo à querência...

De sol a sol, até ao cair da noite pressaga, voa a avezinha por espaços ignotos, cheia de saudades...

De quando em quando, exausta, abate o voo e pousa no alto dum rochedo, numa cerca, ou cai no meio dum canteiro em flor...

E dizem então os homens, esses ingênuos, que minh'alma se esqueceu da pátria e se enamorou de terra estranha...

Dizem que a pobre avezinha deixou de ser o que era — para ser o que não era.

Não sabem eles, esses ingênuos, que não é por amor aos rochedos, às cercas ou às flores da terra que minh'alma desceu das alturas...

Retorne ao meu coração a energia normal do meu ser — e vereis, ó ingênuos, que não me sofrem aqui as saudades de minh'alma...

Expandirei nos mares azuis do espaço a potência das asas levíssimas — e adeus, rochedos, cercas e flores da terra!...

Quanto mais forte e normal é o meu ser — tanto mais cruciante me dilacera a saudade de Deus...

Quando me cerca universal abundância — mais do que nunca sinto a minha indigência...

Quando me enche a mais farta plenitude material — então me atormenta a mais faminta vacuidade espiritual...

Quando nada me falta das coisas tangíveis — mais do que nunca sofro a sede do intangível...

Quando a consciência do Eu atinge o zênite do seu poder — então a inteligência ilumina o nadir da minha inquietude metafísica...

Quanto mais forte e mais "ela mesma" é minh'alma — tanto menos prazer encontra em repousar em rochedos, cercas e canteiros...

Só em transes de fadiga e desânimo, quando ao pleni-Eu sucede um semi-Eu ou um pseudo-Eu — deixa meu espírito de voar em demanda da pátria longínqua...

Ergue-te, pois, aos espaços, pombo-correio de minh'alma!

Divina é a mensagem que tens de levar à humanidade!

A mensagem da verdade e da vida...

A mensagem da justiça e da paz...

A mensagem do amor e da graça...

O aleluia da Páscoa e o hosana da infinita beatitude...

Noite Estrelada

Contemplei ao longe um grande ideal — e lá se foi o sossego de minh'alma.
Nunca mais estarei quite comigo mesmo...
Sempre atuará a gravitação do espírito...
Entrou-me no sangue da alma uma angústia cruel...
Sempre oscilará, irrequieta, a agulha magnética...
Sempre clamará o heliotropismo do meu ser...
Lavra-me no íntimo incêndio roaz...
Feliz do homem profano — satisfeito consigo e com todo o mundo — esse infeliz!
Infeliz do iniciado — insatisfeito consigo mesmo — esse feliz!...
Aquele não conhece esfinges em pleno deserto — não conhece problemas...
Sorri-lhe o dia perene do seu plácido viver...
Mas o homem que pensa e ama — vive num ambiente de estranha agitação.
A sua noite é noite estrelada, sim — mas a treva é profunda e as estrelas altíssimas...
Todo pensar nos faz inquietos — todo querer nos abre saaras imensos.
Todo viver oscila entre o Getsêmani e o Gólgota...

Todo amor agoniza entre os braços da cruz...

Entretanto, melhor é o inteligente sofrer — que o estúpido gozar...

Prefiro gemer numa noite estrelada — a sorrir num dia sem mistérios...

Prefiro sentir o que adivinho — a dizer o que ignoro...

Prefiro escutar a filosofia do silêncio fecundo — a ouvir a sociologia do ruído estéril...

Mais belos são os mundos que, incertos, entrevejo — que a terra que meridianamente enxergo...

Creio mais no muito que ignoro — do que no pouco que sei...

Mais firme é a minha fé num universo ideal — do que nesse cosmos real...

Mais me aliciam ignotos horizontes — do que realidades palpáveis...

Bandeirante do além — não repousa meu espírito na querência do aquém...

Não me interessa o que sei — seduz-me o que ignoro...

Mesquinho é o passado, trivial o presente — como me encanta o futuro!...

Contemplei ao longe um grande ideal — e lá se foi o sossego de minh'alma!...

Nunca mais terei sossego de mim mesmo...

Nunca mais estarei quite comigo...

Devedor insolvente — enquanto viver...

Empolgou-me a noite estrelada do Infinito...

Rebelaram-se as potências dormentes...

Impossível um tratado de paz...

Adoro, ó noite estrelada, teus astros longínquos!

Por eles vivo... Luto... Sofro... Feliz...

Heróis Anônimos

Fervilha no gigantesco empório comercial — azáfama imensa...

E lá se vai ele, o titã dos mares, levar a longínquas plagas as maravilhas da arte e indústria humana...

— Aonde vai, jovem passageiro?
— Ao Extremo Oriente.
— Pescar pérolas nos mares da Índia?
— Não me interessam pérolas de moluscos.
— Em busca de aventuras?
— Tampouco.
— Em viagem de recreio?
— Vou para a Ilha dos Leprosos.
— Dos leprosos, que horror!
— Nem tanto...
— E são muitos?
— Uns quinhentos...
— E quando pretende regressar?
— Nunca.
— Que vida infernal!... E é bem pago?
— Deus o sabe...
— Como? Não ganha?
— Espero ter o necessário para viver e trabalhar...
— Só?

— É quanto basta.
— E sua família?
— Deixei minha família por amor a essa família de infelizes...
— Não compreendo essa filosofia...
— Parece que sou um louco, não é?
— Isso não, mas... desculpe... o senhor deve ter sofrido algum desgosto profundo.
— Não me consta. Não sou derrotista nem misantropo. Creio na vida...
— E porque abandona o conforto da sociedade?
— Vou à conquista dum mundo mais belo e feliz...
— Quimeras!
— Realidades espirituais!
— Loucuras!
— Sabedoria divina!
— Paradoxos!
— Verdade suprema! Mais belo é dar que receber... É minha ideia, é meu ideal.
— Mistérios...
— Tem razão. O mais belo de todos os mistérios é este: imolar-se na ara dum grande ideal. Ser apóstolo — e eu quero ser discípulo do grande Mestre...

* * *

E lá se vai ele, o titã dos mares, levar a plagas longínquas um apóstolo da Verdade e da Vida, da Fé e do Amor.
Um herói anônimo...
Abandonou o panteão dos ídolos profanos.
Pelo santuário de um ideal sagrado...

Sorrisos da Morte

Nunca esteve tão cheio de homens o círculo imenso do Coliseu...

Diocleciano sorri, satisfeito, em seu trono excelso de ouro e marfim...

Entra na vasta arena uma jovem patrícia romana — mais menina que moça...

Flutua às carícias das auras matutinas a alvejante leveza da graciosa túnica...

E, lá do alto das galerias, milhares de olhos contemplam a gentil criança...

Ao longe, no escuro subterrâneo do anfiteatro, rugem leões da Núbia e panteras da Mesopotâmia...

Resoluta, dirige-se a graciosa menina ao centro da vasta arena...

Há, no passo firme da jovem romana, algo da energia férrea das legiões dos Césares que conquistaram o mundo...

E ela se dispõe a conquistar mundos ainda mais belos que aqueles...

Arde-lhe nas negras pupilas fulgor estranho — que lembra invisíveis clarões da eternidade...

O Império Romano contempla uma criança...

Por instantes, procuram os olhos da gentil heroína, nas imensas bancadas, as suas companheiras de adolescência...

Com um sorriso se despede de todos, e envia com as mãos carinhosos beijos — de eterno adeus...

De súbito — duas feras irrompem do subsolo da arena imensa...

* * *

A jovem, com a alvejante túnica em meio a um campo de rosas sanguíneas, arranca das veias abertas um punhado de sangue e, erguendo ao céu matutino as mãos ruborizadas, "*Ave Christe, moritura te saluto!*..."[1]

E desapareceu, qual pétala de rosa arrebatada por insano vendaval...

* * *

E quando nas galerias amainou a grita da plebe sanguinária, cantaram nas alturas vozes divinas:

"Aleluia! potências eternas...
Aleluia! espírito imortal...
Que valem algemas, ó homens,
Se a alma é sopro de Deus?...
Que valem fogueiras e feras,
Que valem suplício e cruzes,
Que valem martírios e morte.
Se imortal é o Evangelho do Cristo?
Se onipotente é o amor de Jesus...
Se a morte perde os horrores
Em face da ressurreição e da vida?"

---

[1] Isto é: "Salve, ó Cristo, morrendo te saúdo". Costumavam os gladiadores pagãos, agonizantes, lançar ao ar um punhado de sangue e saudar o imperador, bradando: "*Ave, Caesar, moriturus te saluta!*" (Salve, César, quem está a morrer te saúda!). Refere a história, ou a lenda, que alguns mártires cristãos saudavam Jesus Cristo com palavras idênticas quando por Ele morriam.

Rastros Luminosos

Só vale a vida terrestre — pelo bem que fizermos...
Pelo rasto de luz que deixarmos após a partida...
Se entre o teu berço e esquife bocejar um vácuo hiante, uma treva estéril, não viveste — vegetaste apenas...
"Aqui jazem os restos mortais de fulano, que morreu — mas não viveu"...
Meu amigo, faze da tua vida um poema de fé — uma epopeia de amor...
Assinala tua passagem pela terra com uma esteira de amor e benquerença...
São tantos os males — não os aumentes com tua chegada...
São tantas as dores — não as intensifiques com tua aspereza...
Ilumina a zona da tua presença com grandes ideias e belos ideais...
Por que extinguir essas lâmpadas que, incertas, bruxuleiam?...
Por que quebrar de todo a cana fendida?...
Por que apagar a mecha fumegante?...
Fala às almas sem luz das luzes eternas...
Aponta às almas tristes as alturas de Deus...
Não olhes, como o chorão, para a terra — que um ente querido tragou...
Olha, como o cipreste, para o céu — que a alma acolheu.

Para que aos outros possas ser um sol matutino — deves tu mesmo possuir luminosa plenitude...

Só pode irradiar muito — quem muito possui...

Cultua, fervoroso, todas as coisas belas e divinas:

Verdade nas palavras, sinceridade nas intenções, bondade nos atos, indulgência no juízo, fidelidade nas promessas, serenidade na dor, castidade contigo, caridade com todos — margeia destas luzes tua vida e a vida dos outros...

Ninguém é infeliz em hora noturna — quando sabe que à noite sucede sorridente alvorada...

Faze transbordar nas almas o excesso da tua plenitude.

Transfunde nos homens a abundância da tua luz.

Comunica ao mundo a beatitude de que Deus te encheu.

Fixa a estrela polar da vontade divina — e dirige tua nau por trevas e procelas...

Mão firme no leme! — serena confiança na alma!...

Tua calma acalmará os companheiros de travessia...

Se, algum dia, o desalento te invadir o coração — dize-o ao Deus eterno, e não a creaturas efêmeras!

Se lágrimas rebeldes romperem as represas — chora a sós com o Onipotente, e não com seres impotentes.

Se dúvida atroz te oprimir o espírito — pede luzes ao Sapiente, e não aos insipientes.

Vive assim como desejarias ter vivido quando a morte teu corpo ceifar...

Erige nas almas dos pósteros um monumento de amor — um obelisco de fé...

O Reino de Deus Dentro do Homem

"Mestre — perguntaram, um dia, os homens —, onde está o reino de Deus?"

"O reino de Deus — respondeu o Nazareno — não vem com aparato exterior; nem se pode dizer: ei-lo aqui!, ei-lo acolá! O reino de Deus está dentro de vós"...

Entretanto, os homens, cegos para essa luz, continuam a procurar o reino de Deus fora de si mesmos, em vãs exterioridades...

O reino de Deus é o reino da verdade e do bem...

O reino da justiça e da paz...

O reino do amor e da caridade...

O reino da humanidade e da pureza...

Quando o homem tem dentro da alma essas coisas, está no meio do reino de Deus — porque dentro dele está o reino de Deus...

Ninguém pode entrar no reino de Deus — se nele não entrar o reino de Deus...

O homem que uma vez entrou no reino de Deus — encontra a Deus por toda parte.

Encontra a Deus na grandeza do cosmos visível — e nos mistérios da alma invisível.

Vê a Deus no fulgor do relâmpago — e no matiz das flores do prado...

Ouve a Deus no bramir da procela — e no silêncio das noites estreladas...

Adivinha a Deus nos indefessos labores da abelha — e nos indolentes devaneios da borboleta...

Contempla a Deus nos etéreos primores do arco-íris — e nas pupilas de inocente criança...

Percebe a Deus no sorriso feliz duma noiva — e nas lágrimas acerbas do agonizante...

O homem que dentro de si descobriu a Deus — descobre-o por toda parte fora de si...

Pois Deus é espírito onipresente — basta possuir a necessária vidência espiritual para encontrá-lo em cada uma das suas obras, espelhos e enigmas da Divindade.

É justo, ó homem, que tenhas lugares de culto onde, com teus irmãos, cantes louvores a Deus — mas não restrinjas a esses momentos o culto divino.

Cultua a Divindade onipresente e onividente no santuário do Eu e do lar...

Glorifica o Eterno no amor à pátria e na história dos povos...

Adora o Altíssimo nas maravilhas da Natureza e nos prodígios da cultura...

Venera o eterno Anônimo até nos gemidos da dor e nos paradoxos do mal...

Se dentro de ti não encontraste o reino de Deus — em parte alguma o encontrarás...

Por toda parte verás o reino de Satã — dentro e fora de ti...

Pois o homem não enxerga as coisas como elas são — mas, sim, como ele é...

Projeta ao mundo externo o colorido do seu mundo interno...

O homem sem Deus contempla sem Deus o mundo repleto de Deus...

O homem repleto de Deus encherá de Deus as almas sem Deus...

Proclama em tua alma, ó homem, o reino de Deus — e tua plenitude transbordará em outras almas...

Só pode fazer bons os homens quem é bom ele mesmo... Só pode encher de Deus quem está cheio de Deus... O homem divinizado diviniza os homens...

Tempestades Benéficas

Antes...

Era tão pesada a atmosfera que mal se podia respirar...
Fativaga-me o menor dos trabalhos — cansava-me o mais ligeiro esforço.
Conglobou-se então no firmamento sinistro bulcão...
Fuzilaram coriscos, ribombaram trovões, uivaram vendavais...
Redemoinharam no espaço incinerado cadáveres de folhas dispersas...
Torrentes desceram em fios de cristal das nuvens noturnas...
Fragoroso dilúvio ameaçava afogar o planeta...

Depois...

Serenaram os espaços revoltos...
Morreram as serpentes de fogo...
Cessaram as águas, calaram-se os ventos...
Ah! quão leve e refrigerante é o ar!
Dilatam-se os pulmões, sorvendo o ozone do espaço...
Suave carícia para os nervos e a pele, esse ambiente juvenil...
Vigoroso alimento para o sangue o oxigênio a flux...

Não estranhes, minh'alma, se tempestades cruéis te rasgarem a vida!

Se raios e trovões te acordarem de indolente tepidez!

Se veementes terremotos te abalarem o ser!

Se subitâneo vendaval arrebatar folhas secas de tua vida...

É necessário que se renove a atmosfera do espírito...

Que novas ideias fuzilem pelo espaço do teu universo...

Que forças cósmicas sacudam, de vez em quando, teu íntimo ser...

Que torrentes celestes te lavem da poeira da estrada...

Que elementos de mundos ignotos vitalizem o ar depauperado...

Que energias do além ozonizem o espaço asfixiante...

Sê fiel a ti mesma, minh'alma — e tempestade alguma te roubará o que é teu!

A adversidade será tua grande amiga e aliada — em demanda às alturas...

Só compreende a vida quem a vida viveu...

Só viveu a vida quem a vida sofreu...

Só é teu, minha'alma, o que, vivendo e sofrendo, compreendeste...

Não é teu o que viste e ouviste...

Não é teu o que pensaste e estudaste...

Não é teu o que decoraste e sabes repetir...

Só é teu o que submergiu nas profundezas do teu ser...

O que vibra nas pulsações do teu coração...

O que rejubila nas alegrias do teu espírito...

O que soluça nas tristezas de tua alma...

O que geme nas agonias da incompreensão...

Teu, intimamente teu, é somente aquilo que feroz tempestade provou — e não te roubou...

Um Homem Mau Que Queria Ser Bom

"Lembra-te de mim, Senhor, quando entrares no teu reino"...

"Em verdade te digo, ainda hoje estarás comigo no paraíso"...

Diálogo mais estranho nunca se travou no mundo do que este, de cruz a cruz, entre dois moribundos.

"Lembra-te de mim" — quem pede apenas uma gotinha de amor no meio dum inferno de dores não é homem mau.

O homem intimamente mau maldiz os seus sofrimentos e os autores dos mesmos.

O homem mesquinho pede libertação dos tormentos ou aceleração da morte.

O ladrão na cruz pede apenas uma lembrança, um pouco de amor...

Pede uma migalha daquilo cuja falta o tornara celerado, perverso, cruel... um pouco de amor...

Desde pequeno, queria ele ser bom — mas os homens o fizeram mau, porque lhe negaram compreensão e amor...

Deu um passo em falso — e as leis desumanas dos homens o condenaram como malfeitor...

A companhia perversa do cárcere induziu a ser mau a quem queria ser bom...

E, quando terminou a sua pena, andou pelo mundo com o estigma de criminoso — e nunca mais encontrou entre os "homens honestos" quem lhe desse uma migalha de amor...

Arrastou-se pela existência noturna com a alma gelada duma frialdade polar...

Só na hora suprema da vida, no alto do patíbulo, encontrou, finalmente, um homem humano — seu companheiro de suplício...

Encontrou um homem que mais cria nas saudades de sua alma do que nas maldades de sua vida...

Encontrou um homem que o amava e lhe queria bem...

E o "bom ladrão" sentiu uma tépida aura de benevolência a envolver-lhe a alma gelada...

E, por entre o degelo primaveril desse olhar de amor, pediu ao colega de tortura que dele se lembrasse, à luz do seu reino...

Não pediu vingança para seus inimigos, não pediu alívio na atroz agonia — pediu aquilo cuja falta fizera de sua vida um inferno: uma migalha de amor.

Uma lembrança apenas...

Um pensamento carinhoso...

Uma gotinha de amizade...

"Lembra-te de mim, quando entrares no teu reino"...

E conseguiu na morte, de um moribundo, o que em vida jamais conseguira dos vivos...

E, pelo pouco que pediu, recebeu o muito que não ousara pedir: "Ainda hoje estarás comigo no paraíso"...

Sobre as cabeças da multidão ululante trava-se, então, de cruz a cruz, entre dois moribundos, uma amizade sincera, sagrada, eterna...

Amizade entre um homem divinamente bom — e um homem mau que queria ser bom, e que se fez bom pelo amor...

Entre o Cristo Redentor — e um homem redento.

Teo-Tropismo

É este o inexplicável mistério de todas as coisas creadas:

Quando as procuramos — fogem de nós...

Quando as agarramos — diluem-se em nossas mãos...

Quando lhes saboreamos a natural doçura — enchem-nos a boca de fel...

Quando delas enchemos a nossa vida — abrem dentro de nós o vácuo do deserto...

Mas, quando nos desapegamos das creaturas e vamos em demanda do Creador — elas correm em nosso encalço, prendem-se a nós e conosco querem ir para Deus.

Pois, como, sem nós, só podem atingir parcialmente o seu fim, conosco e por nós o querem alcançar plenamente.

É este o estranho teo-tropismo de todas as coisas da terra:

Desconfiam do homem que as procura e delas se enamora — e têm confiança no homem que delas se afasta por amor a Deus.

Para fugir das creaturas não é necessário submergir na solidão do deserto — basta, e é necessário, desprender delas o coração.

Crear na alma um ambiente de serena neutralidade, de perfeita libertação.

Pode o homem ser escravo daquilo que não possui — e pode ser livre daquilo que possui.

Não há mal em possuir — todo o mal está em ser possuído...

É triste a condição do homem que, em vez de possuir as creaturas, é delas possuído ou possesso...

É razoável a atitude do homem que se despossui das creaturas para não ser por elas possuído.

É sublime a liberdade do homem que sabe possuir as creaturas sem ser por elas possuído.

Herodes não possuía — era possuído.

João Batista não possuía nem era possuído.

Jesus Cristo podia possuir sem ser possuído.

O homem perfeito, o gênio da espiritualidade, depois de se desfazer das creaturas que o escravizaram, pode a elas tornar, sem perigo de cair vítima de sua tirania.

"Tendo tudo — sem possuir nada" (São Paulo).

Contempla todas as coisas da sua perspectiva superior, aureolado da luz divina, imerso na atmosfera da sua grande liberdade interior...

À luz dessa gloriosa liberdade dos filhos de Deus, falava um dos espíritos mais livres do mundo com o "irmão lobo", com a "irmã cotovia" e entoava o "cântico do sol", até da "irmã morte", sintonizando a mais intensa onda poética com a mais sublime onda religiosa.

Para ele, religião era poesia — e poesia era religião.

Ao som da sua grande liberdade interior, celebrava Francisco as núpcias do Evangelho e da Natureza...

Diluía-se o heliotropismo de sua alma sedenta de Beleza no teo-tropismo de seu espírito faminto de Verdade...

E reconquistou o paraíso perdido.

Roupa Suja

Terminara, finalmente, o insigne poeta o seu árduo trabalho: grandioso poema sobre as maravilhas de Deus na ordem do cosmos.

E agora, numa roda de amigos e admiradores, declamava o mais belo capítulo da obra-prima do seu engenho.

Foi um assombro!...

De tamanha beleza eram as ideias, tão profundos os conceitos, tão cintilantes as frases, tão suaves as cadências dos períodos, que os ouvintes se quedaram como que extáticos de enlevo...

E quando o poeta, no auge do entusiasmo, perorava a mais grandiosa página do estupendo poema — ouviu-se bater à porta da sala...

Mais se avolumou a voz do inspirado bardo, mais vibrante se tornou o seu estro, para abafar o ruído do inoportuno visitante.

Persistem, porém, na porta, os golpes indiscretos.

Interrompe então o cantor das grandezas de Deus a faiscante cadeia de ideias e, contrariado, com um arranco violento, abre a porta.

"Por obséquio, sr. doutor, a sua roupa suja" — diz uma vozinha tímida, coando dos lábios pálidos duma menina magríssima.

É a filha da pobre lavadeira.

"Agora não posso, menina! Venha amanhã!...

"Mas... a mamãe fica sem serviço... e sem pão... Somos tão pobres... Por favor, sr. doutor, a sua roupa suja..."

"Não posso, já disse!"

Com estrondo infernal se fecha a porta na cara da menina pálida.

E, tornando a subir ao estrado, retoma o trovador o fio do poema.

Por entre tempestades de aplausos termina a declamação da grande apoteose, que elaborou pela maior glória de Deus.

Felicitações, abraços, sorrisos, elogios, luminosas perspectivas...

Altas horas da noite...

Surge do seio das trevas o rosto pálido duma menina paupérrima...

Corre pelo quarto olhares sonâmbulos Apanha da mesa os originais do poema — folha por folha, e rasga-as em mil pedaços...

E jogando-as ao cesto de papéis, murmura: "Roupa suja". E desaparece...

O poeta acorda... Os originais lá estão, intatos...

E põe-se a pensar, a pensar, a pensar...

É verdade que escrevi este poema pela maior glória de Deus?...

Se é verdade, porque não cantei, ontem à noite, o mais belo de todos os poemas do mundo — o poema da caridade?...

Por que não entreguei à pobrezinha a minha roupa suja?...

Por que preferi à caridade a minha vaidade?...

Levantou-se e resolveu, logo de manhã, entregar à filha da lavadeira a roupa suja que ela pedira — e lavou com as lágrimas do arrependimento a "roupa suja" que tinha dentro da alma...

E o seu coração cantou em silêncio o mais lindo poema de humanidade...

O poema divino do Nazareno...

Amar Para Compreender

Meu amigo, grava bem dentro da alma esta verdade das verdades: só se compreende integralmente o que se ama com ardor.

É essa a síntese de toda a filosofia — se a não compreenderes não compreenderás a alma da vida.

Pode uma verdade ser meridianamente clara, se não te for simpática ao coração — parecer-te-á obscura como a meia-noite...

Pode uma ideia ser absurda e paradoxal como um aborto do hospício, se tiver por aliados o coração e a carne — não faltará quem a proclame como a quintessência da sabedoria

Dizem os filósofos que o *querer* segue ao *entender* — e têm razão, no plano da psicologia teórica.

Mas, na vida prática, a verdade semi-entendida só se tornará pleni-entendida e de todo compreendida depois de amada e querida de todo o coração, de toda a alma, e com todas as forças do nosso ser.

Por isso, meu amigo, se alguma verdade quiseres bem compreender — importa que ames e vivas essa verdade.

Que a abraces com o coração — ao mesmo tempo que a analisas com a inteligência.

Só dum grande ardor afetivo nascerá uma grande claridade compreensiva.

Importa que a verdade te seja algo querido e íntimo — quase uma parte de ti mesmo.

Que circule nas artérias de teu espírito...
Que lavre nas profundezas de tua alma...
Que vibre nas pulsações do teu coração...
Que rejubile nos hinos das tuas alegrias...
Que chore nas agonias das tuas tristezas...
Que brilhe no fulgor dos teus olhos...
Que arda na candência do teu amor...
Que gema no amargor das tuas saudades...

Só assim, meu amigo, compreenderás cabalmente as grandes verdades da vida e do Evangelho — vivendo, amando, sofrendo essas verdades...

Pode um cego de nascença decorar todas as teorias sobre a luz, pode saber que a luz consiste em vibrações do éter — mas nunca compreenderá bem o que é a luz se a não vir com os seus olhos e viver com a alma...

Pode um surdo nato ler a descrição minuciosa duma sinfonia de Beethoven ou duma ópera de Wagner — nunca formará ideia do que sejam na realidade essas maravilhas musicais...

Pode um teólogo analisar meticulosamente todos os capítulos e versículos do Evangelho — se não viver e sofrer a alma divina da mensagem do Cristo, será sempre um analfabeto do Evangelho...

Por isso, meu amigo, para seres cristão genuíno:

Vive o Evangelho da vida...
Ama o Evangelho do amor...
Sofre o Evangelho da dor...
E compreenderás...

"Meu Reino Não é Deste Mundo"

Por que não queres, ó Pilatos, compreender a linguagem do Nazareno?

Por que não vais à procura do seu reino?

O seu reino não é deste mundo — mas é dum outro mundo.

Não é do mundo, mas está no mundo — neste mundo em que vives.

Não é como esse reino pueril de Tibério César, que tu representas em terras da Judeia.

Não é como os reinos humanos, defendidos com lâminas de ferro, levantados sobre montanhas de cadáveres humanos, cimentados com o sangue dos homens e com as lágrimas de viúvas e órfãos.

Não. O seu reino é o reino da verdade e da vida, o reino da justiça e da paz, o reino do amor e da alegria, o reino da graça e da glória.

O seu reino é sustentado pelas colunas eternas da razão e da fé.

O teu reino, Pilatos, será varrido da face da terra, porque é deste mundo — o reino de Jesus não terá fim, porque não é deste mundo.

Só resiste ao fluxo e refluxo das coisas terrenas o que não assenta alicerces na matéria.

O que tem ponto de apoio fora do mundo sobrevive a todas as vicissitudes do tempo.

Se não compreendes tão alta sabedoria, Pilatos, por que não te sentas aos pés daquele bandido que crucificaste com o Nazareno, por que não escutas o que ele te diz, lá do alto da sua cátedra?

"Senhor, lembra-te de mim quando entrares no teu reino..."

Ouviste, excelentíssimo governador da Judeia? Ouviste, ó cético profano, o que disse aquele celerado?

Ele crê no misterioso reino de seu colega de suplício. Crê num reino divino após-morte — num reino que não é deste mundo.

Que és tu, erudito analfabeto, em face desse sábio?

Ele crê, porque sofre — tu não crês, porque gozas.

O sofrimento confere ao espírito estranha clarividência, sobrenatural sensibilidade.

Como os raios ultravioleta tornam visível o que é invisível à retina comum, assim desvenda a dor um mundo de ignotas belezas.

O gozo macula e embrutece — a dor purifica e espiritualiza...

"Que coisa é a verdade?", dizes tu, encolhendo os ombros com cético desdém.

A verdade? — pergunta ao bandido moribundo, e ele te dirá o que é a verdade.

A verdade é que existe um reino que os profanos ignoram.

A verdade é que, para entrar nesse reino, deve o homem "renascer".

"O que nasce da carne é carne — o que nasce do espírito é espírito".

Tu, Pilatos, só nasceste da carne — quando nascerás do espírito, como esse ladrão penitente, para compreenderes a verdade do reino que não é deste mundo?

Nascerás algum dia para o mundo do espírito — ou acabarás como triste aborto, que morre antes de nascer...

Heróis — de Papelão

Anteontem...
Sentia-me eu possuído dum grande idealismo.
Indômita coragem enchia-me o coração.
Estava disposto a sofrer por ti, Senhor, afrontas e ludíbrios em praça pública.
Invejava os mártires do Coliseu, dilacerados pelos leões da Mesopotâmia e pelas panteras da Numídia.
Suspirava pela sorte dos heróis que, entre hinos e sorrisos, subiam às fogueiras ou se estendiam nas rodas de suplício.
Quem me dera sair pelo mundo afora a pregar o Evangelho a povos bárbaros!
Tão grande era o idealismo e a sede de sofrimento que me ardia na alma, que insípidas e vergonhosas me pareciam essas vinte e quatro horas da vida cotidiana.
Assim foi anteontem...

Ontem...
Quando acordei, chamei a empregada para me trazer o café e o jornal.
E ela mos trouxe, mas não me disse "bom dia" — e encheu-se-me de ira o coração...

E por que não deu o jornal o meu nome entre os benfeitores do Abrigo Cristo Redentor? Não sabe que contribuí com dez milhões de cruzeiros?

E por que me apelida essa revista ilustrada de "senhor", quando eu sou "doutor"?

O cigarro que mandei comprar era de qualidade inferior — e transbordou-me a bílis, enchendo-me de fel as vias do sangue.

Ao sair de casa, verifiquei que faltava um botão da camisa — e tachei de relaxada a companheira de minha vida.

Ao tomar o ônibus, encontrei-o superlotado — e mandei ao inferno a empresa com todos os seus funcionários.

Assim foi ontem...

Hoje...
Fui intimado a comparecer às barras do tribunal...

Sobre a cátedra de juiz estava sentada a Consciência, calma, serena, austera.

E eu, no banco dos réus, humilde, sincero, confuso...

E, abrindo os lábios, disse a Consciência, inexorável:

"Tu, que sonhas com feitos heróicos — sucumbes a uma ninharia?

Tu, que queres lutar com leões e panteras — capitulas em face duma mosca?

Tu, disposto a derramar o sangue por amor do Cristo — ignoras o abc da caridade?..."

Eu, de olhos baixos e coração pequenino, ouvia, calado...

"Não exijo de ti — prosseguiu a Consciência — que tomes entre dois dedos o Corcovado e o jogues às águas da Guanabara — mas exijo que sejas senhor dos teus nervos, e não te reduzas a escravo dos teus escravos.

Exijo de ti o menor e o maior de todos os sacrifícios: que suportes, sereno, calmo, amável, as vinte e quatro horas de cada dia..."

A Caridade da Pureza

Quando os fariseus arrastaram aos pés de Jesus a adúltera — tiveram eles um momento de gozo supremo.

Porque não há para o fariseu delícia maior do que remexer latas de lixo — em casa alheia.

Assoalhar em praça pública as fraquezas do próximo.

Quanto mais raquítico e depauperado é um caráter, tanto mais sente a volúpia de fazer estatística dos pecados alheios e catalogar as virtudes próprias.

Censurar imperfeições de outrem — esse direito só assistiria ao homem perfeito.

Mas o homem perfeito é tanto mais indulgente com os outros — quanto mais austero consigo mesmo.

"Mestre — dizem os sepulcros caiados — esta mulher foi apanhada em adultério. Mandou Moisés que apedrejássemos semelhantes mulheres. E tu — que dizes?"

Sorriem-se à socapa os impiedosos censores, prelibando os cruéis apuros do profeta galileu, como entendiam.

Pois, se absolvesse a delinquente, contradiria a Moisés — se a condenasse, contradiria a si mesmo, à sua doutrina de indulgência e perdão.

Ou Cristo contra Moisés, ou Cristo contra Cristo — dilema fatal!

Tão bem armado estava o laço que a incauta avezinha não fugiria à catástrofe.

E os maldosos caçadores se põem à espreita, ansiosos por ver a avezinha pisar no fatídico alçapão.

Após uma pausa de estranha atitude e gestos, responde o *Rabi* galileu, sereno e calmo: "Quem dentre vós for sem pecado — lance-lhe a primeira pedra"...

A delinquente deve ser apedrejada — Cristo com Moisés.

Mas por mãos impolutas, pois não convém que pecadores castiguem uma pecadora — Cristo acima de Moisés.

Perplexos, entreolharam-se os pérfidos caçadores — voltou-se contra eles o laço que à avezinha armaram...

E, antes de caírem vítimas da própria armadilha, retiraram-se, confusos, cabisbaixos, derrotados...

Não teria ele escrito nas areias os pecados dos acusadores da pecadora?

Por demais clarividentes eram as pupilas do Nazareno — penetravam a superfície florida daqueles sepulcros e descobriam a podridão interior.

Conhecia a alma dessa "geração adúltera"...

Desses hipócritas profissionais — escandalizados duma fraqueza casual.

Ficaram somente a adúltera e Jesus — a miséria e a misericórdia...

Lá estava, pois, o homem que à pecadora podia lançar a primeira pedra — a primeira e a última...

O "homem sem pecado..."

Mas, como podia a infinita pureza deixar de ser o supremo amor?

Como podia um raio solar deixar de ser suave e benéfico?

E, em vez de lançar à pecadora pedras mortíferas — lançou Jesus à penitente palavras de perdão e de vida: "Nem eu te condenarei; vai-te em paz e não tornes a pecar..."

Não Mates as Tuas Saudades

Escreveste-me que estavas com saudades de mim — e me escreves para matar saudades.

Por favor, querida, não mates as tuas saudades.

Deixa viver as tuas saudades.

E, se morreres de saudades, é esta a mais bela das mortes.

Essa morte te fará viver na vida eterna — porque saudade é amor na ausência.

E será amor de presença eterna.

Quem morre de saudades morre de fome — e é mil vezes melhor morrer de fome do que viver com fastio.

Por vezes, o amor nos causa fastio — mas as saudades sempre nos deixam com fome.

Quem bebe da água das saudades terá sede outra vez.

Se o amor humano fosse amor integral, seria amor na presença — assim como saudade é amor na ausência.

Seria amor fascinante, sem fastio — assim como saudade é amor sempre faminto.

Mas o amor humano é suicida — mata-se a si mesmo.

É suicida por falta de transcendência — e excesso de imanência.

Só se pode amar deliciosamente o que sempre se possui — e sempre se procura.

O que é tão longínquo como a ausência — e tão propínquo como a presença.

Se Deus fosse apenas presença, e não também ausência — seria eu o rei dos ateus, ateu por fastio de Deus.

Mas como Deus é longínqua ausência e propínqua presença — eu vivo de saudades do Deus sempre presente e sempre ausente.

É esta a minha vida eterna.

A vida num Deus sempre possuído — e sempre procurado.

É este o estranho paradoxo da felicidade: procurar o que se possui — e possuir o que se procura.

Quanto mais o homem possui a Deus, tanto mais o procura.

A vida eterna é um incessante *ser* e um interminável *devir*, um *estado* — e um *processo*, um *ter* — e um eterno *querer*.

Porque todo o finito em demanda do Infinito está sempre a uma distância infinita.

A vida eterna é uma sinfonia inacabada.

Minha Sinfonia Inacabada

Se a vida eterna fosse uma chegada estática, e não uma jornada dinâmica...

Preferia eu a vida terrestre à vida celeste.

Não me interessa uma parada acabada — interessa-me somente uma jornada inacabada.

Alguém me disse que a vida eterna é um incessante jornadear — rumo ao Infinito.

Um jornadear em linha reta — longe de todos os ziguezagues.

E esse Alguém é a "voz silenciosa", que me fala, quando eu me calo.

A "voz silenciosa" não é o meu ruidoso ego humano — é o meu silente Eu divino.

É a alma do Universo, que pensa em mim — porque eu e o Universo somos um.

É o Deus do mundo no mundo de Deus.

É a invisível Realidade no meio de todas as facticidades visíveis.

É a voz do Além que me fala em todas as coisas do Aquém.

Essa "voz silenciosa" me disse que sou um eterno viajor — um feliz possuidor e um feliz buscador.

Feliz por estar na linha reta rumo ao Infinito — e feliz porque o meu finito está sempre a uma distância infinita do Infinito.

Que farias tu, minha alma, se tivesse chegado a uma meta final?

Repousarias nessa eterna aposentadoria celeste?

E não seria essa vida eterna uma morte eterna?

Uma mortífera passividade?

Mas eu sei que minha vida eterna é eterna atividade.

Por isso sou feliz, por demandar o Infinito — numa jornada sem fim.

Minha vida eterna é uma eterna sinfonia.

Uma sinfonia inacabada.

É o que me diz a "voz silenciosa" que eu escuto com os ouvidos da alma, quando todos os ruídos se calam.

E essa sinfonia não começa após a morte — ela canta em plena vida terrestre, aqui e agora.

Morrer não é um fim nem um começo — é uma simples continuação da mesma vida de hoje, em uma das muitas moradas que há em casa do Pai celeste.

Quem ainda tem medo da morte não começou a viver realmente.

A sinfonia da vida é uma sinfonia eternamente inacabada.

Fórmula Mágica

Andavam os filósofos gentios em busca do elixir da vida.

Andavam os alquimistas medievais em busca do segredo do ouro.

Andavam os sábios de todos os tempos em busca da pedra filosofal.

Andam os homens de todos os dias em busca da felicidade perene.

E não sabeis vós, inquietos bandeirantes, que, há muito, foi descoberto o talismã que buscais?...

A fórmula mágica da ciência e da vida?...

O poderoso elixir de indefectível juventude e felicidade?...

Não foi Aristóteles nem Platão, não foi Sócrates nem Sêneca que tal prodígio descobriram.

Não foi sábio nem estadista, não foi poeta nem general que desvendou o grande segredo...

Foi um simples aprendiz de carpintaria, que nem nome parecia ter — o "filho do carpinteiro", como dizia o povo.

Homem que nunca se sentou em banco escolar...

Homem que não se formou em ciências e artes...

Homem que não frequentou academia nem curso filosófico...

Tenho diante de mim a fórmula singela que esse homem elaborou...

Fórmula que resolve todos os problemas da vida e da morte.

Fórmula que diz tudo o que os sábios não disseram...

Fórmula que faz suportar os mais pesados fardos — até o próprio ego...

Fórmula que faz nascer auroras em pleno ocaso...

Fórmula que ensina a descobrir pérolas de sorriso — no mais profundo oceano de lágrimas...

Fórmula que descortina alvejantes berços de vida onde os homens só enxergam negros ataúdes mortuários...

É tão singela essa fórmula descoberta pelo filho do carpinteiro, que o mais simples dos homens a pode aplicar.

Compõe-se de dois traços apenas — um vertical e outro horizontal.

Unindo em ângulo reto essas duas barras que da oficina trouxe o carpinteiro de Nazaré — tem-se o poderoso talismã de todos os segredos da vida e da morte.

Lança-se ao céu a haste vertical bradando: Amor divino!

Alarga-se pela terra a trave horizontal, clamando: Humana caridade!

E onde se cortam as duas barras do amor e da caridade — gotejam sobre a terra lágrimas rubras — a dor...

Duas linhas cruzadas — crucificadas.

À luz desse símbolo resolvo todos os problemas da vida e da morte.

Símbolo cujo simbolizado é redenção.

À mão dessa fórmula mágica descerro todas as portas.

Compreendendo...

Perdoando...

Amando...

Sofrendo...

Calando...

Ao pé da cruz...

Alma de Pai — Coração de Mãe

Recebi tua carta, alma dolente — e pasmei do teu espírito.

Escrevera-te eu, para consolo na dor, que pensasses no sacrifício de Abraão.

Que em tua alma despertasses a mesma fé que teve o patriarca quando Deus lhe pediu em holocausto o único filho.

Abraão, com o coração a sangrar, obedeceu à ordem divina — e subiu ao monte Moriá.

Disposto a sacrificar o "sorriso"[1] de sua vida — e viver doravante nas sombras do pranto.

Assim te escrevera eu — para consolo em tua dor...

E tu, que é que me respondes?

"Deus exigiu esse sacrifício a um pai — e não a uma mãe...

Mas eu sou mãe...

A mãe de Isaac nada sabia do horror — que lhe revoltaria o coração...

E, antes de ver morrer o único filho — morreria de dor ela mesma..."

Assim escreveste, alma dolente — espírito revoltado...

E eu te respondo, alma cristã: maior sacrifício que o teu pediu Deus a uma mãe — e ela o deu.

---

[1] Isaac quer dizer "sorriso".

Assistiu, de alma chagada, à morte atroz do filho querido, do único filho — e não blasfemou.

E não descreu...

E não desesperou...

E não desamou...

E não desmaiou...

Bebeu até a lia o cálice que o filho bebia...

Sangue do seu filho...

Do único filho...

Do filho querido...

E ela, a vestal do Calvário, tomou em puras mãos esse sangue — e em holocausto o ofereceu ao Eterno.

Por aqueles que seu filho matavam...

Mais forte que o herói do Moriá — provou-se a heroína do Gólgota.

Ele, homem — ela, mulher...

Acolá, um pai — aqui, uma mãe...

Aquele é detido no momento supremo — e desce do monte com o filho vivo...

Esta só recebe no regaço o filho morto — e desce do monte sem ele...

E não fraquejou...

E não descreu...

"Estava em pé debaixo da cruz"...

* * *

E essa heroína, ó alma dolente, tinha o nome que tu tens...
Quando terás tu a alma que essa tinha?...

Jardins e Herbários

Não fales só no Cristo de ontem — fala também no Cristo de hoje e de amanhã!

Cristo não só foi — Cristo é e será!

Cristo é sempre — embora tenha vivido, visível, no passado, em Jesus.

Vive tão vívido na alma do cristão — como viveu nas plagas da Judeia.

Não faças do Jardim do Evangelho um herbário — para museu!

Não queiras prensar entre teses e silogismos estéreis as flores louçãs do seu espírito!

Evangelho não é apenas tema para estudo — é vivência e norma para a vida.

Não reduzas a fórmulas geométricas — as formas orgânicas da sua doutrina.

Não vás em busca de múmias e fósseis — em vez de exuberante vitalidade.

Não gemas gemidos de cansada velhice — onde só cânticos de eterna juventude deves cantar.

Não tenhas por tristonha e descolorida a vida do Nazareno — nunca foi sobre a terra vivida vida mais bela que a dele.

Sua vida é um poema imenso de luz e beleza — uma apoteose de verdade e poesia.

Uns anos de exílio, uns decênios de trabalho feliz, um triênio de apostolado e amor, quinze horas de sofrimento redentor — o aleluia da Páscoa e os hosanas de glória eterna...

Não pintes a vida do Cristo em tom de cinza e de crepe!...

Pinta-a com todas as cores do céu e da terra — dos dias de sol e das noites estreladas...

Não fales em derrota e tragédia — fala em vitória imortal.

Faze dos quatro canteiros do Evangelho o teu jardim cotidiano — circundando uma cruz...

Canteiros tão lindos, que Mateus e Marcos, Lucas e João nos plantaram...

Mais vale uma planta viva à beira da estrada — que o mais lindo museu de herbário.

Cheiram os herbários a mofo e naftalina — recendem as pétalas vivas dulcíssimo aroma.

Não morrem as plantas prensadas e as flores papiráceas — porque mortas estão.

Vivem e sempre revivem as filhas gentis da flora — porque alma possuem...

Do botão nasce a flor, da flor a semente — e da semente ressurge nova planta florida...

Assim, meu amigo, é o Evangelho do Cristo — eterna juventude!

Vida imortal!

É assim a vida de todo homem — que o Evangelho vive.

Sofrendo — com grande alegria...

Gemendo — por entre aleluias...

Luminoso — em plena noite...

Sorrindo — através de lágrimas...

Sem posses — e tudo possuindo...

Ultrajado — por entre hosanas...

Derrotado — e sempre vitorioso...
Morrendo — e sempre renascendo...
Ó fênix do Cristo...
No jardim do Evangelho!...

Sinfonia do Silêncio

Sabes, meu amigo, que eterno silêncio envolve as grandes alturas — e os grandes abismos?

Sabes que nos cumes supremos do Himalaia reina solidão imensa?

Sabes que nas ínfimas profundezas do oceano impera quietude integral?

Sabes que taciturnas são as grandes altitudes e as grandes profundidades da alma?

O meio-dia do amor — e a meia-noite da dor?...

O zênite do querer — e o nadir do sofrer?...

Podem parentes e amigos seguir-te até ao "átrio dos gentios" ou ao "santuário dos homens" — mas no *sancta sanctorum* de Deus hás de entrar sozinho...

Só com Deus e tua alma...

Nem pai nem filho, nem esposo nem esposa, nem irmão nem amigo — ninguém te pode acompanhar...

Ninguém vigiará contigo, por entre as agonias noturnas do Getsêmani...

Todos os teus ficarão a "olhar de longe" — como no Gólgota os amigos de Jesus...

Nos momentos mais humanos e mais divinos de tua vida, serás sumo sacerdote — nem levita nem acólito...

Sozinho subirás ao altar dos holocaustos...
Sozinho imolarás a vítima de expiação...
Sozinho queimarás sobre as brasas o incenso do teu coração...
Em torno de ti — deserto imenso...
Em volta de ti — solidão absoluta...
Nenhum eco responderá aos gemidos do teu coração...
Nenhuma Verônica enxugará as lágrimas dos teus olhos...
Nenhum Cireneu ajudará a carregar tua cruz...
Nenhum samaritano pensará as chagas de tua alma...
Nenhum discípulo predileto receberá a tua última vontade...
Nenhum Arimateia acolherá o teu corpo exangue...
Maria alguma te fechará os olhos extintos...
Madalena alguma te prantcará no túmulo fechado...
É necessário que atravesses, a sós, o grande deserto...
Arma-te, amigo, para o grande saara da vida...
Quanto mais te distanciares de ti mesmo e te aproximares de Deus — tanto mais vasto será o silêncio, tanto mais profunda a solidão.
Deus habita no deserto imenso — da sua infinita plenitude.
Como suportarás o silêncio do Creador — tu, que vives do ruído das creaturas?
Como suportarás estar a sós com Deus — tu, que nem a sós contigo queres estar?
Não te iludas, amigo! — é necessário submergires nesse abismo para encontrares as alturas eternas...
O deserto da Divindade é a mais rica das plenitudes...
O silêncio de Deus — é a mais estupenda das sinfonias do Universo...
O silêncio da dor...
O silêncio do amor...

Prepara-te Para a Vida

Disseste-me, alma amiga, que a grande tarefa da tua vida era preparar-te para a morte.

Que só desejavas uma boa morte — e nada mais.

Se pensaste às direitas — falaste às avessas.

Tu, que tens saúde, inteligência, preparo —

Tu, que vives a primavera da vida —

Tu, que entras no mundo de braços abertos —

Tu, que inicias a grande viagem —

Não deves falar em preparar-te para a morte — prepara-te para a vida!

Se boa for tua vida — não será má tua morte.

Não sabes que a morte é o corolário da vida?

Ignoras que o morrer é o eco do viver?

Como podia ser má tua morte se boa foi tua vida?

Receias a morte qual negro fantasma?

Por que hesitaria a fruta madura em desprender-se da haste?

Por que se desprenderia com dor o que amadureceu com amor?

Não te prepares para desapegar-te da árvore — vive como deves, e será espontâneo e natural o teu desapego...

Não morras antes de viver — não faças o segundo antes do primeiro!

Não faças a causa depender do efeito!

Não penses no sono noturno — antes de entregar-te aos labores diurnos!

Não chores o ocaso — antes do sorriso da aurora!

Enche de grandes tesouros a barquinha de tua vida — e entra contente nas águas do porto!

Semeia mãos cheias de áureos cereais — e recolhe farta messe de fruto maduro!

Carrega de flores a primavera da vida — para que de frutos te carregue o outono da morte!

Prepara-te para a morte — enriquecendo tua vida!

A morte não faz o que a vida não fez — colhe-te como és.

A morte não retoca tua alma — revela apenas o que a vida fotografou.

Sombras e luzes — boas e más perspectivas...

Revela às claras o que às escuras diziam imagens latentes...

Eternamente serás o que em tempo a vida te fez...

Prepara-te, pois, para a vida — e a morte dirá o que foi tua vida...

Faze da vida uma sementeira do bem — e será a morte uma colheita de felicidade...

Liberta o espírito das algemas do ego — e a morte te levará ao seio de Deus.

À vida eterna...

Ao amor imortal...

Ser Alguém

Amigo. Se quiseres escrever para a humanidade o que a torne melhor — sê tu mesmo o início dessa humanidade melhor...

Sê uma célula sadia — do organismo convalescente.

Sê primeiro em tua pessoa — o que desejarias fossem os outros.

Começa a reforma do gênero humano — pela reforma do teu Eu individual.

Primeiro na própria casa — depois na casa do vizinho.

De dentro para fora — do componente para o composto...

Está em teu poder reformar a sociedade — ao menos em uma das suas partes integrantes...

Sem uma grande realidade ou um grande ideal, ninguém pode ser grande — e como poderia prestar grandes coisas quem não é grande?

Cada um é o secretário do próprio Eu — só pode escrever o que o dono lhe ditar.

Cada um é o eco de sua alma — só reproduz com palavras o que ela é de fato.

Para ser grande não basta fazer algo — é necessário ser alguém.

De alma para alma é que atua o poderoso fluido da personalidade.

De espírito a espírito tece o homem os invisíveis fios do seu destino — e o destino dos outros.

Do Eu para um Tu se lança a torrente vital dos grandes vultos da história.

A mais eficaz propaganda de tua obra, meu amigo — és tu mesmo...

Não o teu ego periférico — mas o teu Eu central.

Sem um genuíno autoconhecimento — não haverá verdadeira autorrealização.

Não faças reclamo de ti mesmo — pois seria o limite de tua grandeza —, mas sê a alma de tua obra.

Não interessa a ninguém o que estudaste, decoraste ou sabes — interessa somente o que tu és.

Se não és alguém, ninguém te pode garantir a vitória — se és alguém, ninguém te pode derrotar.

Mais do que o teu conhecer — é o teu ser que atua sobre outros seres.

Pode-se aprender a ler, escrever e contar — mas não se pode aprender com meras teorias a ser alguém.

Para ser alguém, deve o homem ter consciência da sua Realidade.

Deve guardar absoluta fidelidade ao íntimo ser.

Deve ser integralmente sincero consigo mesmo.

Deve saber unir a justiça ao amor.

Deve preferir a retilínea convicção às curvilíneas convenções da sociedade.

Deve ter linhas definidas como o cristal — e não ser argila amorfa.

Deve imolar a escravidão farta na ara da liberdade austera.

Deve ser um eco do Eterno — no deserto do mundo efêmero.

Um emissário de Deus — no meio da humanidade.

Deve estar disposto a sacrificar os mais belos *ídolos* do ego — ao único *ideal* do Eu.

Enfermidade Redentora

Vim sentar-me à tua cabeceira, meu amigo doente, para dar-te sinceros parabéns.

Parabéns não pela fraqueza da carne — mas pelo vigor do espírito.

Não pelo que sofres — mas pelo modo como sofres...

Nunca te vi com tanta saúde como agora...

Alijaste o lastro supérfluo com que soem os homens sadios onerar a barquinha da sua vida

Habituaste o espírito a não correr atrás das pequenas e grandes ilusões que regem a sociedade.

O sofrimento tornou tua alma livre e desapegada de tudo...

Ganhaste distância e perspectiva em face das realidades da vida...

Tuas idéias e opiniões adquiriram algo de universal e eterno...

Libertou-te a dor das doenças infantis de que laboram os profanos gozadores.

Invejas e ciúmes, cobiças e luxúrias, nervosismos e impertinências e ridículas susceptibilidades — tudo isso foi reduzido a cinzas no fogo do sofrimento...

"A força aperfeiçoa-se na fragilidade" — dizia mestre Paulo.

Pela primeira vez, meu amigo, te vejo homem perfeito — porque sofredor vitorioso...

Quanto mais e melhor o homem sabe sofrer — tanto mais vasto se torna o seu espírito, mais sincera a sua caridade, mais indulgente o seu juízo, mais larga a sua compreensão — mais sereno e calmo todo o seu ser...

Só o homem sofredor compreende o mundo e os homens...

Quem não sofreu vive num sono hibernal — não compreende as realidades da vida...

Vive numa ilusão permanente — aquilata falsamente as coisas.

O cristianismo, a religião da verdade, é o evangelho da cruz.

Só no Gólgota atinge o homem compreensão integral...

Só nas trevas da noite despontam as estrelas do céu...

Do homem espiritualmente sanado pela dor irradiam virtudes curativas — para espíritos enfermos...

Invisível torrente de energia — para robustecer os fracos...

Paz e harmonia, calma e serenidade, inefável poesia, felicidade profunda — dimanam do homem divinizado pela dor...

Pelo amor doloroso foi Jesus redimido — e sem sofrimento não há redenção humana.

Nada pode o mundo esperar de um homem que algo espera do mundo.

Tudo pode o mundo esperar do homem que nada espera do mundo.

Vagalumes

Vislumbrei, em plena noite, tuas lanternas fosfóreas — meu pequenino vagalume.
E pasmei...
Não do fulgor das tuas luzes — mas da grandeza da tua presunção.
Achas que não há luz fora das tuas luzinhas?
Consideras tua cabeça como única fonte de toda a claridade?
Julgas que todo o mundo é tenebroso — sem tua presença?
Sabes por que tão vivos te parecem os teus "holofotes"?
Porque tão profunda é a escuridão que te cerca.
Não voasses de noite, não passasses o dia dormindo, meu ignorante vagalume — verias no céu um luzeiro imenso...
Contemplarias oceanos de claridade espraiados de horizonte a horizonte...
Verias epopeias de cores derramadas por todas as latitudes e longitudes do mundo...
Ouvirias os ares repletos de apoteoses aos raios solares...
Sentirias o perfume das flores a incensar o trono do grande amigo...
E tuas lanternas seriam antes trevas que luz...
Vislumbrei em plena noite tuas fosforescências cerebrais, humano vagalume.

E pasmei!...

Pasmei ao ver que ignoras a tua própria ignorância.

O sábio sabe que nada sabe — o ignorante ignora que nada sabe.

Saber o seu não-saber é o princípio da sabedoria.

Ignorar a sua ignorância é fechar a porta ao saber.

Aquilo é escola primária — isto, analfabetismo completo.

Qual pequenina esfera lançada ao mar é o nosso saber no oceano do não-saber.

Quanto mais se avoluma a esfera, maior se torna o contato com as águas circunfusas — e quanto mais cresce o nosso saber, mais consciente se nos torna o não-saber, que nos envolve de todos os lados.

Por isso, o sábio crê mais na sua ignorância do que na sua sapiência.

Desta, pode ele duvidar — daquela, tem plena certeza.

À medida que a ciência aumenta — aumentam os pontos de contato com o mar da ignorância em que flutua a modesta esfera.

E como o mar é imenso e a esfera pequenina, professa o ciente sincera humildade — porque humildade é verdade.

Acende-se-lhe na alma uma sede imensa de fé...

De fé na palavra de quem saiba o que aquele ignora...

Uma fé para enriquecer a sua pobreza...

Uma fé para encher com divina plenitude a sua humana vacuidade...

E eclipsam os fulgores solares as lanternas fosfóreas...

Desperta o vagalume do sonambulismo noturno

Para a vigília diurna...

Assimilar Sem Adulterar

Andavam os alquimistas medievais às voltas com elementos vários — para descobrir a fórmula secreta do ouro...

Prodígio mais estupendo realiza-o a Natureza — vivificando substâncias mortas.

O que hoje é ferro e fosfato, cálcio e carbono — amanhã é célula viva, verde folhagem, flor odorífera...

E, com serem tantos e tão diversos os elementos assimilados — não perde a planta o seu tipo específico...

Palmeira é sempre palmeira, cedro é sempre cedro — seja qual for o terreno que os nutre, seja qual for a substância assimilada...

O trigo, convivendo com espinhos e cardos — entrelaçando com as deles as delgadas raízes — não deixa de ser trigo genuíno...

Não perde o caráter — não adultera sua natureza...

No alto dos montes, no fundo dos vales, nos ardores do deserto, em fecundo vargedo — sempre firmará cada planta sua forma e seu tipo — ainda que maiores ou menores sejam sua pujança ou beleza...

Infalsificável é a alma vegetal do organismo vivente...

* * *

Aprende, meu amigo, a lição que a Natureza te dá!

Aprende a ser fiel a ti mesmo, a defender o que é teu!

Doente ou sadio, rico ou pobre — sê sempre fiel a ti mesmo.

Não permitas que solos ingratos ou ambientes adversos te falsifiquem a alma.

Por mais que ervas daninhas invadam tua vida, por mais que raízes nocivas se cruzem com as tuas — conserva-te indene de suas influências maléficas.

Despreza substâncias díspares, elementos heterogêneos, átomos estranhos — e assimila partículas afins e congeniais ao teu ser.

Para homogeneizar o heterogêneo — é necessário grande poder...

Para vitalizar substâncias inertes — requerem-se energias sem par...

Para harmonizar elementos díspares — é mister poderosa vitalidade...

Para preservar do adultério do ambiente o caráter do Eu — é necessário fidelidade sem falha...

Se não assimilares novos elementos — acabarás em atrofia espiritual.

Se contra ti mesmo prevalecerem maus elementos — cairás vítima de adulteração pessoal.

Sê, pois, meu amigo, um templo aberto para todos os horizontes da vida — em cujo altar arda o fogo sagrado da verdade.

Seja tão firme tua fidelidade ao próprio Eu que nele possam entrar todos os Tus — sem o adulterar.

Seja tão poderoso o astro do teu ser, que em volta dele possam outras estrelas girar — sem provocar desarmonia sideral.

Seja tão indestrutível o núcleo atômico de tua alma, que todos os elétrons do ambiente o possam circunscrever — sem o dissolver.

E serás homem perfeito...

Harmonia na Diversidade

Meu amigo, deixa a cada ave o seu voo!
Deixa a cada planta a sua forma!
Deixa a cada flor o seu colorido!
Deixa a cada essência o seu perfume!
Deixa a cada homem o seu gênio!
Deixa a cada alma o seu caminho às alturas!
Não penses que só o teu trilho seja bom!
Muitos são os caminhos que levam a Deus...
Onde quer que exista uma reta vontade — existe uma ponte para o Infinito...
Procura preservar de falsos caminhos os homens — mas não tenhas por falsos todos os caminhos fora do teu!
Deus é o Deus da plenitude — e não da vacuidade.
Deus é o Deus da variedade — e não da monotonia...
Deus é amigo da evolução — e não da estagnação...
Quão tedioso seria o cenário da flora se todas as flores fossem rosas, lírios ou cravos!
Se todas as folhas das plantas tivessem a mesma forma e cor!
Quão enfadonha seria a fauna se só houvesse répteis, ou peixes, ou mamíferos!
Se houvesse, entre os seres de cada família, apenas uma forma anatômica!

Se todas as aves tivessem plumagem cinzenta, verde, vermelha ou azul!

Se todos os insetos fossem formigas, besouros ou vespas!

Se todos os quadrúpedes fossem cães ou cavalos!

Quão monótono seria o mundo mineral se todas as pedras preciosas fossem safiras, rubis, esmeraldas, diamantes ou topázios!

Se todos os metais fossem ferro ou cobre, ouro ou prata!

Quão desgracioso seria o firmamento noturno se todas as estrelas tivessem o mesmo tamanho e fossem dispostas simetricamente como um tabuleiro de xadrez!

Não queiras, ó homem, corrigir as obras de Deus...

Sabes tu porque vivem no mundo homens de todas as índoles, caracteres múltiplos, gênios versicolores?

Se não existem duas plantas iguais — por que haveria duas almas iguais?

Todo homem é um ser original, inédito — um mundo por si, um cosmos à parte.

Repleto de luz e de trevas, de alturas e abismos, de enigmas e mistérios...

Não queiras, pois, reduzir a fastidiosa monotonia o universo multiforme dos espíritos!

Não tentes substituir por um deserto de cinza unicolor essa fulgurante epopeia multicor!...

Deixa a cada um o caráter que Deus lhe deu — e o caminho que Deus lhe traçou!

Respeita nos outros a liberdade que reclamas para ti mesmo!

Estima o que é teu — tolera o que é dos outros!

Sê, no grande mosaico, a pedrinha que és — e deixa que os outros sejam também as pedrinhas que são!

Se todos fossem como tu, se tu fosses como os outros — morreria toda a beleza...

Beleza só existe onde reina harmonia na diversidade...

Beleza é o esplendor da ordem...

Luz incolor — feita prisma onicolor...

Servo dos Servos de Deus

Quando minh'alma chegou à compreensão da verdade, abandonou o palácio de Herodes e foi em demanda do ermo.

Troquei os lautos festins do tetrarca pelos duros jejuns do austero penitente coberto de pele de camelo.

Longe dos homens e das humanas seduções, queria eu servir a meu Deus.

Orando e meditando — passei longos anos na longínqua solidão.

Só me visitavam os chacais da estepe e umas aves erradias.

Só me cantavam os ventos do deserto e o murmúrio duma fonte.

E alguém me segredava ao ouvido: Atingiste o cume do monte sagrado!... vive e morre aqui!... Divinizaste a tua vida, fugindo do mundo e dos homens...

* * *

Mas eis que penetram no ermo longínquo — estranhos rumores...

De cidade em cidade, de aldeia em aldeia, andava o mais santo dos homens que à terra viera.

Descri dos rumores — meneei a cabeça...

Se era santo esse homem — por que não fugia do mundo profano?...

Se era Deus — por que andava no meio dos homens?...

Se era puro — por que habitava nesse mundo imundo?...

Descrente, semicrente, deixei o meu ermo — e vi esse homem...

Ouvi dos seus lábios sabedoria suprema.

Vive no mundo — dizia ele — sem seres do mundo!

Não fujas dos homens — porque os homens de ti necessitam!

Não abandones o enfermo — sê-lhe médico e amigo!

Não deixes à beira da estrada o ferido viajor — pensa-lhe as chagas, leva-o à estalagem, vela à sua cabeceira!

Não deixes sem luz e consolo Madalenas contritas e Zaqueus penitentes!

Não desdenhes sentar-te à mesa com publicanos e pecadores — por mais que se escandalizem fariseus...

Fizeste bem, filho meu, em deixar o palácio de Herodes e buscar a Deus na solidão...

Entraste na escola do espírito, fugindo do analfabetismo da matéria...

Ingressa agora na academia do Evangelho e vive no meio dos homens para conduzi-los a Deus...

Não participes do seu materialismo — comunica-lhes tua espiritualidade...

Não sejas o que eles são — faze-os como és ou desejarias ser...

Não desças às baixadas do mal — eleva-os às alturas do bem...

Sê como um raio solar, que penetra em abismos imundos — e deles sai tão puro como entrou...

Como um raio de luz, mantém o contato com a fonte — e ilumina o mundo...

Assim dizia o mestre — e eu compreendi...

Deixei o meu ermo, deixei a minha orgulhosa suficiência — e voltei ao meio dos homens...

Fiz-me servo dos servos de Deus...

Imagens Latentes

Está em tuas mãos, educadora, o destino do homem.
O futuro feliz ou infeliz da humanidade.
O céu e o inferno de amanhã.
Na ordem natural, és tu o fator precípuo da história.
Carta branca, terra virgem — é a alma do educando entregue às tuas mãos.
Daí, como sairá?... Informe?... Formada?... Deformada?...
Não compreende conscientemente — mas apreende na zona noturna do inconsciente.
Observa uma chapa fotográfica, exposta à luz, antes de revelada.
Que é que vês? — nada!
Tudo cor uniforme, neutral...
E, no entanto, contém essa chapa as imagens de todas as coisas que, na fração de um segundo, invadiram a objetiva.
É só entrar num banho de sais — e eis que do fundo neutro e incolor emerge um jogo de sombras e luzes, até os mais sutis cambiantes.
Foi o banho que essas imagens produziu?
Não, o banho apenas revelou o que, invisível, preexistia na película.
Educadora! Quando, num banho de luz, despertar no pequeno ser a razão — surgirá, consciente e visível, o que incônscio e invisível nele dormitava...

O que disseste, pensaste, sentiste, o que és — tudo atuou sobre a alma dormente...

Tão sensíveis são as antenas da alma infante que apanham a mais inponderável onda do teu ser...

Auras boas — auras funestas...

Fluidos benéficos — fluidos malignos...

Pensamentos suaves — instintos perversos...

Tudo influencia a textura sensível da psique amorfa — mais que o leite materno sobre tecidos celulares...

Por isso, plasmadora de almas, satura de elementos benéficos teu ser...

Irradia de ti ondas de luz e bondade — para a alma em botão...

Não intoxiques com fluidos sinistros o teu educando...

Prepara à plantinha feliz primavera — após longa hibernação...

Principia a tarefa educativa do educando com a educação da educadora...

Quando começa a educação da criança? — perguntou alguém a Napoleão Bonaparte.

Vinte anos antes do seu nascimento: — respondeu o grande estratego.

A educação do educando começa com os educadores.

Venham então as tempestades da vida desfolhar a planta, quebrar-lhe ramos, galhos e tronco — sempre de novo brotará da raiz sadia sanidade e vigor...

Vai, pois, fotógrafa das almas, impregnar de belas imagens o ser em botão!

Põe-lhe ante a objetiva nobres ideais, sentimentos sadios...

Calcula bem a distância, a perspectiva, o efeito da lua — para que nítida e bela resulte a imagem, invisível na alma dormente...

Invisível hoje — visível amanhã...

Na alma dormente — na alma vígil.

Tabus

Liberta-te, ó homem, de todos os tabus!
Não feches os olhos à luz alguma — não negues à inteligência verdade alguma.
Crê no passado — e crê ainda mais no futuro.
Sê tradicionalista — e mais ainda evolucionista.
Aceita tudo o que de verdadeiro e belo nos legaram os maiores — e procura rasgar a teus filhos horizontes mais vastos ainda...
Abrange, do Oriente ao Ocidente, o panorama da vida — e adivinha nos arrebóis vespertinos auroras matinais...
O que foi pode vir a ser — e com maior plenitude.
Sucedem-se os fenômenos da vida — em eterna evolução...
Estagnar — é retrogradar...
Por isso, se vives de reminiscências — vive também de esperanças...
Não creias em lacrimosos saudosismos de passadistas que bendizem o pretérito — e maldizem o presente...
Se o *ontem* teve rosas — teve também muitos espinhos...
Se o *hoje* tem espinhos — por que não teria rosas?...
A vida é uma grande roseira — cheia de rosas e espinhos...
Se de longe a contemplas só enxergas um mar de rosas — e espinho algum...

Foi a distância, e não a realidade, que os espinhos eliminou...

Crê, pois, no passado — e não descreias do presente e do futuro...

Não te fossilizes em nenhum tabu rotineiro...

Não te petrifiques em nenhum preconceito religioso ou social...

Não te mumifiques em nenhum dogma humano...

Conserva a elasticidade do espírito — e assimila novos elementos...

Sê um organismo vivo eliminando substâncias gastas — e assimilando substâncias novas...

Não permitas, porém, que elementos estranhos desvirtuem o teu Eu — obriga-os a edificá-lo segundo o plano que traçaste.

Se a porta fechares a novos elementos vitais — acabarás em atrofia espiritual.

Se não fores fiel ao próprio Eu — acabarão os elementos estranhos por adulterar-te o caráter.

É necessário que saibas homogeneizar todas as substâncias heterogêneas.

Transubstanciá-las no próprio ser.

Incorporá-las na personalidade total.

Personalizar todas as coisas impessoais.

Vitalizar com a vida do próprio Eu todos os átomos que o mundo te dá.

Liberta-te, pois, de todos os tabus!

Não sacrifiques os valores do passado pelos tesouros do presente e futuro!

Conserva abertas para todos os quadrantes do universo — as portas da alma.

Para receber e despedir — para assimilar e eliminar...

E será perene a juventude do teu espírito...

Entre Dois Infinitos

Abrange o "tempo histórico" da humanidade cerca de 6.000 anos — um segundo apenas em face dos milênios do pretérito...

Um lampejo momentâneo — nessa noite imensa do passado pré-histórico...

Anterior ao nosso "tempo histórico", decorreu o período quaternário — mais de 1 milhão de anos, como diz a ciência...

Precederam a esse período a época terciária e os períodos cretáceo, jurássico e triássico — mais de 100 milhões de anos...

Expiraram antes desses tempos remotos os milênios do período permiano — uns 200 milhões de anos...

E, anterior a esse tempo, o período do carbono — uns 300 milhões de anos antes do nosso tempo, quando imensas florestas cobriam o orbe terráqueo, como atestam seus restos fossilizados nas camadas de carvão de pedra...

E, antes do tempo do carbono, decorrera a época devoniana — uns 400 milhões de anos...

E, antes dela, os períodos siluriano e cambriano — cerca de 500 milhões de anos...

E já nesse tempo remotíssimo rastejava sobre a face da terra a vida orgânica — moluscos, trilobitas, corais...

E antes que vida alguma se manifestasse na face do planeta, decorreram mais de centenas de milhões de anos, como atestam os minerais no seio da terra...

E antes que a terra se desprendesse do globo solar — quantas eternidades cósmicas terão passado?...

E antes que o próprio sol se conglobasse dos átomos da primitiva nebulosa — que incontáveis milênios e bilênios, que inconcebíveis *eons* se terão sumido na voragem dos espaços e dos tempos?...

Nós, meu amigo, somos de ontem — e amanhã deixaremos de ser...

E, quando a humanidade deixar o cenário do universo, continuará o drama da terra e do cosmos — sem nós...

Sem nós — como milênios antes, como se nunca tivéssemos existido...

Somos um pequenino parêntese — entre dois infinitos...

Somos um subitâneo lampejo — na noite eterna...

Somos um grito apenas — no silêncio imenso do deserto cósmico...

Somos uma microscópica ilha de vida — no oceano da morte universal...

Somos um Nada...

E, no entanto, esse Nada do homem é grande — porque iluminado pelo Tudo da Divindade...

À luz do seu poder, alvo da sua sabedoria, objeto do seu amor — sou mais que todo o resto do mundo...

De ontem, apenas hóspede na terra — sou eterno no pensamento de Deus...

Partirei amanhã para longe da terra — e serei imortal no seio de Deus...

Como é grande a minha pequenez!

Como é sublime o homem!...

Este parêntese — entre dois Infinitos!...

Da Morte do Vivo Para a Vida Sem Morte

Primavera em flor...
Por toda a parte, flores e cores, perfumes e néctares...
A flora se dispõe a iniciar a sua imortalidade racial.
A imortalizar-se por meio da semente.
E essa alvorada da imortalidade racial é precedida pelo ocaso da mortalidade individual.
A planta vai morrer — para se imortalizar.
Por isso, ela se prepara para uma epopeia de belezas, perfumes e doçuras.
A vida sem morte é precedida pela morte do vivo.
E, antes de morrer, o seu amor e vida culminam numa apoteose de solenidades.
O ocaso do vivo — na alvorada da vida.
Assim o quer a mãe Natura.
Vinde, borboletas e besouros, abelhas e vespas, celebrar as núpcias mortíferas da flora.
Nascer, viver e morrer — a fim de viver sem nascer nem morrer.
É esta a filosofia paradoxal da natureza.
Daqui a pouco, adeus — belezas, perfumes e doçuras...
Sementes vivas substituirão as flores mortas.
A vida imortal desfilará sobre as pétalas mortas.

Por isso a flora é sempre louçã, sorridente e feliz.

A alma da planta não pranteia o corpo dos mortos.

De geração em geração transmigra a vida una por corpos vários.

A morte festeja a vida sem morte.

Aleluia...

Vida Latente

"Uma existência perdida — a minha..."
"Depois de decênios de insanos labores — nada consegui..."
"Minhas palavras de amigo — levou-as o vento..."
"Meus conselhos de pai — perderam-se no vácuo..."
"Meus esforços de educador — em pura perda..."
"Tudo em vão..."
Assim dizes tu, meu amigo — assim gemes, meu grande pessimista.

Senta-te aqui, meu caro derrotista, e escuta o que te vou contando.

Há uns decênios, foi um cientista fazer escavações no Egito.

Depois de muito labutar e pesquisar, descobriu, no fundo duma pirâmide, um sarcófago de pedra.

E, dentro do rijo esquife, uma múmia de milhares de anos.

E, ao lado da múmia, punhados de cereais — tão antigos como aquela.

Repousavam com a morte essas sementinhas — aparentemente mortas.

Plantou o cientista os grãozinhos duríssimos — e eis que brotaram e vingaram esplendidamente!...

* * *

Modestos grãozinhos, meu amigo pessimista, são as ideias e os ideais que pelo mundo espargimos.

E quantos — ai, quantos! vêm cair em escuras pirâmides, ao lado de esqueletos, de múmias, de fósseis!...

Quantas almas-múmias, quantos espíritos-fósseis em torno de nós!...

Quanto sarcófago de pedra inerte acolhe os germes do nosso espírito!...

Decorrem anos, expiram decênios — e parece a nossa sementeira vítima de morte eterna...

Nenhum movimento — nenhum vestígio de vitalidade...

Em vão cultivei ideias nas inteligências — em vão cultivei ideais nos corações...

Em vão escrevi livros e preguei sermões — em vão me fiz apóstolo da verdade e do amor...

Em vão procurei extirpar o erro e implantar a verdade nas almas humanas — tudo inútil!...

Enterrado e morto, qual múmia em sinistro sarcófago, todo o meu trabalho...

Não descreias nem desesperes, meu amigo!

Crê e espera na vitalidade das ideias — e na vitória dos ideais!

Um dia brotarão os germes que semeaste — ao menos em parte...

Embora não o vejam os teus olhos nem o percebam os teus ouvidos — despontará o dia da ressurreição e da vida...

A Verdade é eterna — e o Bem é imortal...

Se no mundo físico não se perde um só átomo de matéria e força — como se perderiam, no mundo espiritual, tantas e tão poderosas energias?...

Crê na física do mundo — e crê ainda mais na metafísica de Deus!

Continua, pois, meu amigo, a semear nas almas os germes da Verdade e do Bem!

Crê na vida eterna das ideias — crê na imortalidade dos ideais!...

Grandes Homens

Quem faz jus ao título de "grande homem"?
Não sei...
O homem inteligente?
Não basta ter inteligência para ser grande...
O homem poderoso?
Há também poderosos mesquinhos...
O homem religioso?
Não basta qualquer forma de religião... Podem todos esses homens possuir muita inteligência, muito poder, e certo espírito religioso — e nem por isso são grandes homens.
Pode ser que lhes falte certo vigor e largueza, certa profundidade e plenitude, indispensáveis à verdadeira grandeza.
Podem os inteligentes, os poderosos, os virtuosos não ter a necessária liberdade de espírito...
Pode ser que as suas boas qualidades não tenham essa vasta e leve espontaneidade que caracteriza todas as coisas grandes.
Pode ser que a sua perfeição venha mesclada com um quê de acanhado e tímido, com algo de teatral ou violento.
O grande homem é silenciosamente bom...
É genial — mas não exibe gênio...
É poderoso — mas não ostenta poder...
Socorre a todos — sem precipitação...

É puro — mas não vocifera contra os impuros...
Adora o que é sagrado — mas sem fanatismo...
Carrega fardos pesados — com leveza e sem gemido...
Domina — mas sem insolência...
É humilde — mas sem servilismo...
Fala a grandes distâncias — sem gritar...
Ama — sem se oferecer...
Faz bem a todos — antes que se perceba...
"Não quebra a cana fendida, nem apaga a mecha fumegante — nem se ouve o seu clamor nas ruas..."
Rasga caminhos novos — sem esmagar ninguém...
Abre largos espaços — sem arrombar portas...
Entra no coração humano — sem saber como...
Tudo isso faz o grande homem, porque é como o Sol — esse astro assaz poderoso para sustentar um sistema planetário, e assaz delicado para beijar uma pétala de flor...
Assim é e assim age o homem verdadeiramente grande — porque é instrumento nas mãos de Deus...
Desse Deus de infinita potência — e de supremo amor...
Desse Deus cuja força governa a imensidade do cosmos — e cuja paciência tolera as fraquezas do homem...
O grande homem é, mais do que ninguém, imagem e semelhança de Deus...

Monocêntrico — Policêntrico

Como poderia haver perfeita sintonização e harmonia entre homem e mulher?

Se tão diversas são as índoles, tão vários os caracteres, os gênios?

A mulher, quanto mais feminina, tanto mais monocêntrica é sua natureza.

O homem, quanto mais masculino, tanto mais policêntrico é o seu ser.

Giram os sentimentos de Eva em torno dum único eixo, eminentemente humano — dispersam-se os pensamentos de Adão por diversos campos periféricos, assumindo colorido de vasta cosmicidade.

Se falhar o único centro da mulher, sente-se ela integralmente infeliz e como que suspensa no vácuo — se falhar um dos centros do homem, ainda lhe restam diversos epicentros em torno dos quais pode girar o seu sistema planetário.

Mais intensamente feliz é a personalidade monocêntrica da mulher na realização da sua potência do que a natureza policêntrica do homem na consecução dos seus alvos.

Quando a mulher se liga a um homem faz-lhe doação de todo o seu ego humano e feminino, sem deixar fora departamento algum do seu ser — quando o homem se une a uma mulher, quase sempre deixa lá fora algumas províncias da sua natureza.

Pode a mulher ser totalmente do homem — não pode o homem ser inteiramente da mulher.

Enquanto ela percorre as mais altas esferas da imolação subjetiva — devassa ele vastos mundos de realidades objetivas.

Não fosse a alma feminina unilateral, não seria tão monocêntrico o seu amor — não fosse tão panorâmico o espírito do homem, não seria tão policêntrico seu querer.

Por isso, andará sempre enflorado de dor o amor do homem e da mulher.

Por isso será sempre a amarga doçura mesclada de doce amargura...

Por isso haverá sempre na intimidade da compreensão uma distância de incompreensão...

Por isso cantará sempre entre *ele* e *ela* uma harmonia rasgada de dissonâncias...

Por isso é a história da humanidade uma epopeia de luzes obscurecida de eclipses...

Por isso, ó homem ou mulher, fazei da vossa vida — que não pode ser um céu nem deve ser um inferno — um discreto purgatório, estância fugaz de purificação, escola sensata de aperfeiçoamento...

Pode o amor humano, dele e dela, ser um *objetivo da vida* — mas não pode ser a *razão de ser* da existência do homem ou da mulher.

Quem não conhece a *razão de ser* da sua existência é infeliz — ou está em vésperas da infelicidade...

No Cenário da Vida

Não importa, ó homem, qual o papel que te coube no drama da vida.

Rei ou vassalo, milionário ou mendigo, filósofo ou analfabeto — não importa.

Se o mendigo no palco desempenhar bem o seu papel de mendigo, receberá mais aplausos do que o rei que não soube fazer o papel de rei.

Mais vale desempenhar com inteligência o papel de tolo do que tolamente fazer o papel de inteligente.

Homem! Desempenha bem o papel que te coube no plano de Deus — e serás homem de bem!

Deus não precisa de ti nem do estardalhaço que no mundo fizeres — ele poderia fazê-lo muito maior...

Deus não precisa do bem que fizeres — ele o poderia fazer sem ti mil vezes melhor...

Mas Deus quer que pratiques o bem para seres bom.

Pode Deus fazer sem ti todo o bem — mas não pode ser bom em teu lugar.

Seres bom é tarefa eminentemente individual — ninguém a pode fazer por ti.

Para todos os efeitos podes passar procuração a outrem — menos para ser bom.

Ninguém te pode fazer bom contra a tua vontade.

E, "quando tiveres feito tudo que te foi ordenado, dize: Sou servo inútil; não fiz senão o que fazer devia..."

Quando houveres desempenhado do melhor modo possível o teu papel, brilhante ou humilde, no cenário da vida não esperes pelos aplausos da plateia.

Desaparece em silêncio por detrás dos negros bastidores do esquecimento, da ingratidão ou da morte...

"Por todo o bem que tu fizeres espera todo o mal que não farias..."

Se a plateia te aplaudir, agradece a boa intenção — mas não contes com isso!

Se a plateia te vaiar, tolera a injúria — mas não te entristeças por isso!

Não valem uma lágrima nem um sorriso todos os elogios ou vitupérios do mundo.

Não és santo porque os homens o dizem — nem és celerado porque os homens o afirmam...

Seja-te suficiente galardão a consciência do dever cumprido do melhor modo possível.

Não necessita de apoteose verbal quem dentro de si traz a apologia real da justiça e da verdade.

Pode sofrer, sereno e calmo, todas as vaias do mundo quem não buscou os aplausos dos homens.

Mais feliz se sente na derrota do que na vitória quem não é "derrotado" por vitória alguma.

Mais luminosa é para o herói a escuridão dos bastidores do que para o covarde o fulgor da ribalta.

Desaparece tranquilo Moisés nas alturas do Nebo — porque introduziu o seu povo na terra de Canaã...

Morre feliz o Batista nas profundezas do cárcere — porque levou a humanidade até a alvorada do reino de Deus...

"Está consumado!" — exclama o Nazareno no alto da cruz.
Não vale a vida pela extensão que ocupa no tempo ou espaço — vale pela intensidade com que é vivida.
Quem vive como deve, vive a sua vida em toda a plenitude. Vida feliz!...

Faze Bem a Ti Mesmo, na Pessoa dos Outros

Escuta, ó homem, esta grande verdade: todo mal que aos outros fazes, duplamente o fazes a ti mesmo.

Para os outros é um mal periférico — para ti mesmo é um mal central.

Para quem o sofre é um mal extrínseco — para quem o pratica é um mal intrínseco.

Ninguém pode fazer mal ao próximo sem primeiro fazer mal a si mesmo.

Não pode deixar de ser mau quem o mal produz — mas pode ser bom quem sofre o mal.

"Não pode a árvore má produzir frutos bons — nem pode a árvore boa produzir frutos maus."

O efeito do mal é transitório no objeto que o sofre — mas é permanente no sujeito que o produz.

Não digas: "Fiz mal, arrependi-me, e é tudo como dantes" — ilusão funesta!

Pelo arrependimento, sim, foi lavada a nódoa moral — persiste, porém, na alma a mancha psíquica.

O mal, conscientemente praticado, estratificou nas profundezas do subconsciente nova camada de hábito vicioso — e desse subsolo funesto irradiam ondas mortíferas para a zona do consciente.

Todo ato mau, ainda que revogado pelo arrependimento, favorece os elementos destruidores — e desfavorece os elementos construtores dentro do homem.

Todo ato mau facilita futuras quedas e recaídas — e dificulta a ressurreição.

Todo ato mau aumenta o declive do plano inclinado que o hábito vicioso criou em tua natureza — e quem pode manter-se firme num declive escorregadio?

Por isso, meu ignoto amigo, o maior bem que a ti mesmo podes fazer é fazer bem aos outros — o bem por amor ao bem.

O amor que aos outros faz bem, faz tanto bem a ti mesmo que até te faz bom.

Por isso dizia o grande Mestre que devemos amar o próximo como a nós mesmos.

Educa-te, ó homem, a ti mesmo, para o idealismo do bem.

Faze o bem por amor ao bem — dentro de ti mesmo e aos outros.

O único meio de fazeres bem aos outros e a ti mesmo é seres bom, intimamente bom.

O único meio de melhorares o mundo é praticares o Evangelho da bondade sincera, o Evangelho do amor desinteressado, o Evangelho da benquerença universal.

"Deus é amor — quem permanece no amor permanece em Deus." (S. João)

"O reino de Deus está dentro de vós." (Jesus)

Se Puderes

Se puderes conservar a calma, quando todos em torno de ti se desnortearem e por isso te culparem —

Se puderes confiar em ti mesmo, quando todos de ti duvidarem, e ainda tolerar a dúvida deles —

Se puderes esperar sem te fatigares, ser caluniado sem tecer intrigas, ser odiado sem te render ao ódio —

Se puderes sonhar sem te deixar vencer por teus sonhos —

Se puderes pensar sem resumir no pensamento o teu único objetivo —

Se puderes ouvir a verdade que disseste, deturpada e invertida pelos parvos ou perversos, sem condenares os homens —

Se puderes ver destruídos os edifícios que levantaste em tua vida, e em silêncio reconstruí-los com os recursos gastos —

Se puderes juntar tudo quanto ganhaste e arriscar tudo por uma causa ideal que ninguém compreende, perder tudo e recomeçar do início, sem nunca murmurar nem dizer nenhuma palavra sobre teu prejuízo —

Se puderes estimular o teu coração, os nervos e os músculos para te servirem, depois de esgotados por derrotas e decepções, com o idealismo da intacta mocidade —

Se puderes falar às multidões sem contaminar as tuas virtudes, frequentar reis sem perder a tua simplicidade —

Se nem os mais ferozes inimigos nem os mais devotados amigos te puderem ferir —

Se puderes confiar serenamente em todos os homens, mas em nenhum cegamente —

Se puderes guardar inviolável fidelidade ao próprio Eu sem deixar de assimilar o que os outros têm de bom —

Se nem elogios nem vitupérios te puderem iludir sobre a tua verdadeira bondade ou maldade —

Se puderes preencher o inexorável minuto da tua vida com os sessenta segundos que representam o seu valor passado —

Se puderes, no meio das vociferações de teus inimigos, pedir ao Eterno: Pai, perdoa-lhes —

Se puderes, através da escuridão da hora final da existência, vislumbrar estrelas e auroras —

Então, meu amigo, o mundo será teu e tudo o que ele contém...

E, mais ainda, tu serás HOMEM...

Homem sobre-humano...

Homem quase divino...

Se puderes...

(Cf. Rudyard Kipling)

Escaravelhos

Há entre os coleópteros um inseto que, em pleno fulgor de belezas primaveris, só se interessa por uma coisa — o monturo.

Encontrar entre as flores dum canteiro um montículo de esterco é para ele inefável delícia.

Derramem rosas e violetas a fragrância dos seus perfumes — o escaravelho só anseia pelas fétidas exalações de substâncias putrefatas.

É esse o seu elemento, o seu clima, o seu paraíso...

Almas mesquinhas existem que encontram intenso prazer em chafurdar na lama de escândalos e remexer latas de lixo em casa alheia.

Descobrir faltas no próximo, fazer estatísticas das fraquezas alheias e assoalhá-las na praça da mais larga publicidade — é nisso que se cifra a maior delícia dos escaravelhos humanos.

Floresça na alma do irmão um jardim de virtudes, viceje um paraíso de boas qualidades — o escaravelho descobre logo a imundície, por mais oculta e insignificante que seja.

Tão apurado é o faro do humano coprófilo que, entre mil perfumes suaves, distingue logo o mau cheiro da podridão que procura.

Quanto mais baixa e vil é uma alma, tanto maior o prurido de descobrir os pecados alheios para contrastarem com as virtudes próprias que julga possuir.

Quanto mais perfeito é um homem, tanto mais indulgente é com os outros e tanto mais severo consigo mesmo.

O homem que não "brinca de religião", mas toma a sério o Evangelho, acha ridículo reparar nas fraquezas do próximo, porque sabe que também ele tem faltas, ainda que talvez de outra natureza.

Não agradece a Deus "por não ser como o resto dos homens, ladrões, injustos e adúlteros" — mas bate no peito e, de olhos baixos, murmura: "Meu Deus, tem piedade de mim, pecador"...

O cristão sincero não começa a "reforma da humanidade" na casa do vizinho — mas sempre na própria casa...

Só teria direito a condenar os outros quem fosse perfeito em todo o sentido — mas, coisa estranha! precisamente o homem perfeito é o que menos censura os outros.

Quando os descaridosos fariseus arrastaram aos pés de Jesus aquela adúltera apanhada em flagrante, disse-lhes o Nazareno: "Aquele dentre vós que for sem pecado lance-lhe a primeira pedra!"

E eles, perplexos, se retiraram, certos de que a clarividência de Jesus lhes conhecia o negror da consciência...

Ficaram só a mulher pecadora e o "homem sem pecado" — podia este lançar à adúltera a primeira pedra, a primeira e a última.

Mas, como podia o "homem sem pecado" ser um homem sem piedade?

Como podia a suprema pureza deixar de ser a infinita caridade?...

E ele, em vez de lançar pedras mortíferas à pecadora — lançou palavras de perdão e de vida à penitente: "Nem eu te condenarei; vai-te e não tornes a pecar"...

Assim são as almas grandes, puras, sublimes — indulgentes, porque compreensivas...

Albatrozes

Por sobre intérminas geleiras desliza, qual tufão, gigantesco albatroz.

Cortam o espaço enormes asas falciformes, estreitas, esguias — duas lâminas de aço.

De encontro aos elementos revoltos se lança a audaz procelária.

Bradando à imensa solidão do céu e do mar a vitória das suas asas.

E, no entanto — não sei por que fatalismo atroz —, foi preso, um dia, o rei das zonas do Ártico...

E sobre o liso convés dum navio mercante o fizeram andar. Oh tristeza, oh lástima!...

Grotesca, ridícula, sem jeito era a marcha do albatroz...

Impediam as gigânteas asas movimento aos pés do audaz voador...

E o invencível herói dos espaços polares foi derrotado por falta de espaço...

Sucumbiu-lhe a gloriosa arma das asas potentes — à inglória fraqueza das pernas inábeis...

* * *

E eu me lembrei de vós, espíritos humanos que as alturas habitais...

De vós, grandes almas que longe das terrenas baixadas voais...

Nos espaços imensos das grandes ideias...

Na vasta solidão de excelsos ideais...

Albatrozes de asas potentes...

Potentes demais...

Para a vida vulgar...

Da rotina banal...

Eu vos vi presos, ridículos, triviais, derrotados...

Vi vossas asas fechadas — por excessivamente grandes...

Vi vossas rêmiges arrastarem-se no pó — por falta de espaço...

Vi-vos alvo de mofa e ludíbrio da parte de seres sem asas — de vermes mesquinhos...

Fossem menores vossas asas, andaríeis com jeito em todos os "conveses" da vida...

Essas asas são a vossa "desgraça" — não vos deixam andar...

Nos caminhos lisos —

Da mediocridade dominante...

Sucumbis ao poder do espírito...

Vítimas de gloriosa tragédia —

Albatrozes do Infinito!...

Cultores da Mediocridade

Meu ignoto amigo. Se quiseres ser impenitente cultor da rotina e mediocridade, guia-te pelas normas seguintes:

Antes de pensar, informa-te sempre do que deve ser pensado, a fim de não introduzir no mundo o contrabando de ideias novas.

Não penses nunca com o próprio cérebro — mas sempre com a cabeça dos outros.

Dize sempre *sim* quando os outros dizem *sim* — e *não* quando os outros dizem *não*.

Lê cada manhã, ao café, o teu jornal, para saberes o que deve ser pensado naquelas vinte e quatro horas.

Quando vier alguém com ideias novas, evita-o como um perigo social e tem-no em conta de herege e demolidor.

Não te exponhas ao perigo de fazer o que o vizinho não faz — mas lembra-te da comprovada sapiência burguesa: o seguro morreu de velho.

Sê amigo dedicado da tua tépida poltrona — e não te exponhas a vertigens de vastos horizontes.

Prefere sempre as paredes maciças dum cárcere e as grades duma gaiola às incertezas dum voo estratosférico.

Não abras nunca portas fechadas — passa tão-somente por portas abertas.

Não explores caminhos novos, como os bandeirantes — anda sempre por estradas batidas e sobre trilhos previamente alinhados.

Vai sempre com o grosso do rebanho, como os bons carneiros — e não procures caminho à margem da rotina geral.

Em suma, meu insigne cultor da mediocridade: deixa tudo como está para ver como fica.

Destarte, conservarás a saúde e a tranquilidade dos nervos e poderás tomar, cada dia, com sossego, o teu chope ou coquetel — e passar por homem de bem.

* * *

Se, porém, resolveres, um dia, sair da rotina tradicional e expor-te ao perigo mortífero dum ideal superior, então lê com atenção o que te diz um homem que conhece a vida:

Vai às margens do Ganges e pede ao mais robusto dos elefantes que te ceda a sua pele paquidérmica, para com ela revestires a tua alma.

Vai às praias do Nilo e arranca ao mais velho dos crocodilos a sua impenetrável couraça e faze dela o invólucro do teu coração.

E, depois de assim encouraçares a tua alma, sai por este mundo afora e dize aos homens da honesta mediocridade que vives por um ideal que não está no estômago nem nos nervos nem no sangue — e verás que eles te declararão guerra de morte.

Pois, deves saber, meu amigo, que o mundo não sacrifica um só ídolo por um ideal.

Desde que o mais arrojado idealista da história foi crucificado, morto e sepultado — são todos os idealistas crucificados pelos cultores da mediocridade.

Nada de grande acontece no mundo sem que o mundo se revolte.

Tudo que é belo e grande — agoniza fatalmente entre os braços da cruz.

É essa a gloriosa tragédia dos homens superiores.

Dois Sapos

Vivia um sapo — no fundo dum poço.

Lá nascera, lá vivera, de lá nunca saíra — e lá esperava morrer.

O seu horizonte era de um metro e meio de largura — o diâmetro do poço.

A profundidade de sua vida era de três palmos — como as águas do poço.

Para além da borda do poço — nada mais existia para ele...

Certo dia, tombou no fundo do poço — um sapo de outras regiões...

Vinha de longe, de muito longe — das praias do mar...

Com secreto rancor, viu o primeiro invadido pelo segundo o seu espaço vital.

Mas, como o segundo era mais forte, resolveu o primeiro não o guerrear — e limitar-se à defesa passiva...

Depois de três dias de silêncio recíproco, travou-se entre os dois batráquios o diálogo seguinte:

— Donde vens tu, estranho invasor?

— Das praias do mar, ignoto ermitão.

— Que coisa é o mar?

— O mar?... O mar é uma grande planície d'água.

— Tão grande como esta pedra em que pousam minhas pernas gentis?

— Muito maior.

— Tão grande como esta água que reflete o meu corpo esbelto?

— Maior, muitíssimo maior.

— Tão grande como este poço, minha casa?

— Mil vezes maior. Milhares de poços destes caberiam no mar que eu vi. O mar é tão grande que sempre começa lá onde acaba. É tão grande que todo o céu cabe nele, e ainda sobra mar. Todos os sapos do mundo, pulando a vida inteira, não chegariam ao outro lado — tão grande é o mar à cuja margem nasci e vivi.

— Safa-te daqui, mentiroso! — exclamou o batráquio do poço. — Coisa maior que este poço não pode haver! Mais água que esta água é mentira!...

* * *

Desde então viviam os dois em pé de guerra, no fundo do poço.

Não diz a história se algum deles, super-sapo, venceu nessa luta feroz...

Nem diz se um deles, batráquio genial, convenceu o outro da verdade das suas ideias...

Consta apenas que, desde esse tempo, vivem no mundo seres que só creem em si mesmos...

Seres que sabem tudo o que os outros ignoram...

Seres que tacham de loucos os que afirmam o que eles não compreendem...

Seres de tão vasto saber que consideram desdouro aprender...

Não fales, meu amigo, em mares — a quem mares não viu!

Deixa viver no poço — quem no poço nasceu!

Horizonte de metro e meio, água de três palmos de fundo, pedra de meio palmo — que mais quer o batráquio dum poço?

Deixa ao ignorante a sua feliz ignorância!

Não fales em mares a quem para um poço nasceu!

Cada qual com seu igual...

Atitude Leonina

Era uma vez um burro...
Esse burro era forte e bom — porém detestado...
Somente o boi e o cavalo rivalizavam com ele em força muscular...
Mas nem um nem outro aguentavam as longas viagens que o burro aguentava...
Por isso, o homem lhe queria mais bem que a todos os outros...
E isso aborrecia os habitantes das selvas e dos campos...
Nenhum, todavia, ousava fazer-lhe mal — porque o asno era forte e temido.
Mas eis que vem um dia fatal!
Vítima de funesto acidente, tomba o solípede de alto barranco — semimorto...
Corre veloz pela zona a sensacional notícia...
Aliviada de mortal pesadelo respira a fauna em derredor...
E todos à porfia afluem para ver o burro moribundo...
Descarregou-lhe o cavalo um coice no peito...
Deu-lhe o boi violenta chifrada entre as costelas...
Ferrou-lhe o cão numa perna os dentes pontiagudos...
Arranhou-lhe o gato o focinho com as garras aduncas...
Saiu da toca até um ratinho que nunca vira o asno, e, para ser digno dos grandes, fincou-lhe os dentinhos na ponta da orelha...

E assim todos os demais...

Assomou, por fim, o leão, olhou para o burro agonizante — e passou de largo.

"Como, majestade?" — exclamaram os outros. "Não te vingas desse perverso? Do inimigo comum? Arranca-lhe os olhos!"

Respondeu o leão: "Reputo abaixo da minha dignidade vingar-me dum inimigo que já não me pode fazer mal"...

E passou adiante, firme, grave, sereno...

Sem olhar para trás...

Amigo que a fauna humana habitas — não te iludas!

Muitos te respeitam porque muitos te temem — enquanto és forte...

Enquanto as auras da sorte bafejam tua vida...

Enquanto poderosos te amparam e defendem...

Muitos ocultam seu despeito, sua inveja — porque lhes falta a coragem...

No dia, porém, em que te julguem liquidado — exultarão de prazer...

Bois e cavalos, caninos e felinos — nada faltará em torno de tua desgraça...

Chifradas e coices, dentadas e unhadas — tudo choverá sobre ti, quando inerme.

Até a mais vil alimária humana te mostrará seu despeito, sua inveja... E o leão?...

Não sei se alma leonina encontrarás...

Espírito nobre que não exiba sua força em face de tua fraqueza...

Mais raros são nos desertos humanos os homens do que no Saara africano os leões...

Feliz de ti, meu amigo, se encontrares alma leonina — que ao menos silencie o que remediar não possa!...

E passe adiante — sem vindicta... esse leão!...

Irmã Natureza

Eu te amo, Natureza gentil, não como mãe — sim, como irmã...

Não como o filósofo pagão de Atenas — mas como o poeta cristão de Assis...

Não te chamo, como o panteísta, "mãe Natura", porque não nasci do teu seio — chamo-te, como o teísta, "irmã Natura", porque temos o mesmo pai...

Irmã e amiga me és tu, Natura gentil — e sempre me foste...

Quando a perfídia dos homens me envenena a vida —

Quando Iscariotes me atraiçoam — e fariseus me exploram —

Quando de mim desertam "amigos" — porque de mim desertou o metal sonoro —

Quando minh'alma, de cordas rotas, destempera as harmonias da vida —

Quando a lufa-lufa profana me enche de náusea a alma —

Então, irmã Natureza, eu me refugio em teus braços amigos...

Entro no taciturno santuário da tua verde catedral...

Sob o teto imenso das tuas frondes dormentes...

Na mística atmosfera de sua solene quietude...

Por entre o incenso que teus cálices vivos exalam...

Por entre os hinos que teus cantores entoam...

Por entre a liturgia multicor que tuas filhas ostentam...

Ao som da música que os ventos dedilham nas harpas das grimpas altivas...

Ao ritmo suave das tuas ondas de líquido cristal...

Ao sonho feliz que tua alma sonha nos dias estivos — nas noites de luar...

Minh'alma enferma convalesce aos poucos — entre teus braços, Natureza amiga...

Cicatrizam um pouco as chagas vivas do meu coração...

Distendem-se, aliviados, os nervos tensos de dor...

Cessa a fragorosa procela do sangue nas túmidas veias...

E minh'alma conversa com tua alma — Natureza gentil...

E elas se estendem nesse colóquio taciturno — porque falam a língua do Pai...

Esse Ser que nos creou, a ti e a mim — amiga querida...

Sei que não és deusa. Natura dormente — mas sei que és mensageira divina...

Arauta da excelsa Deidade, amiga do Eterno, servidora do Onipotente...

E é por isso que sempre és amiga e boa, sincera e fiel, acolhedora e íntima — irmã Natureza...

Vamos, de mãos dadas — em demanda de Deus...

Locutores da Humanidade

Amigo, para seres escritor, não basta saber gramática e sintaxe. Não basta saber forjar belas frases e burilar cadências rítmicas. Nem basta possuir talento e erudição.

Se quiseres escrever para os homens, e não para as traças, é necessário que tua alma seja uma antena ultra-sensível que apanhe as mais ligeiras ondas espirituais que percorrem o universo humano.

É necessário saber cristalizar em ideias conscientes a inconsciente atmosfera das almas que te cercam.

É necessário dizer ao leitor o que ele já entre-sabia nas penumbras do ego, mas não sabia trazer à luz meridiana da consciência vígil.

O escritor faz nascer o que já era concebido e andava em gestação.

O escritor é o intérprete consciente da subconsciência universal.

É o locutor da humanidade.

Repleto de elementos funestos e elementos benéficos está o vasto subsolo da humana natureza.

Centelhas de luz — e abismos de trevas...

Paraíso de amor — e geenas de ódio...

Lírios de pureza — pantanais de luxúria...

Encantos de Beatriz — e seduções de Circe...

Cânticos de júbilo — e gemidos de dor...

De tudo isso está saturada a zona noturna da alma humana.

E tu, pela varinha mágica da pena, evocas das incônscias profundezas os anjos da luz — ou os demônios das trevas...

E os soltas no mundo, ao meio dos homens — para ressurreição de muitos, para ruína de muitos...

No foco do teu espírito, ó escritor, convergem os raios múltiplos que andavam dispersos pelo mundo das almas...

E desse foco, onde inconscientes entraram, irradiam conscientes, para o meio dos mortais...

Só serão lidos os teus livros se derem resposta explícita à interrogação tácita dos espíritos.

Se responderem as eternas angústias do coração humano...

Se ferirem problemas de que sangram e agonizam os melhores dos homens...

Se disseres o que milhares dizer queriam, mas dizer não sabem...

Interpretaste a subconsciência universal? — serás lido e relido!...

Mas, se quiseres ser para os mortais um anjo redentor, e não um anjo exterminador, evoca das profundezas os elementos benéficos, apela para as grandes ideias, para os ideais eternos!

Suscita do sono para a vigília as energias construtoras que dormem, profundas e vastas, no seio da humanidade!

Faze da tua pena um facho de luz que de divina claridade inunde as trevas da terra...

Sê um Prometeu para os homens.

Um porta-luz...

Locutor da humanidade...

Cosmoterapia

A alopatia reprime os sintomas mórbidos do corpo material.
A homeopatia elimina as desarmonias do corpo astral.
A cosmoterapia cura o homem integral.
Doença não faz parte do macrocosmo sideral, nem do microcosmo hominal.
A alma do Universo é perfeita saúde e sanidade.
Amigo, mantém harmonia com o Universo da tua alma, da tua mente, do teu corpo.
Mantém harmonia com o sistema planetário da tua natureza humana.
Põe no centro o sol do espírito e faze gravitar em torno dele os planetas dos teus sentimentos, pensamentos e emoções.
E teu Universo hominal cantará a sinfonia do Universo sideral.
Realiza a tua cosmoterapia!
E todo o caos das tuas angústias e moléstias será substituído pelo cosmos da saúde e felicidade.
Todas as tuas desarmonias têm início nos teus pensamentos.
O homem é aquilo que ele pensa no seu coração.
Quem pensa errado vive errado — quem pensa certo vive certo.
Teu pensamento é certo quando harmoniza com o teu Ser.

O teu Ser é o Espírito de Deus.

Tua consciência é a voz de Deus em ti.

Sintoniza o teu agir com o teu Ser — e estarás em sintonia com Deus.

Essa cosmoterapia te garante santidade, sapiência e sanidade.

Santidade da alma, sanidade da mente, saúde do corpo.

Para gozar dessa gloriosa cosmoterapia, dessa cura pelo espírito, deve o homem diariamente contatar o centro cósmico dentro de si mesmo, que os hindus chamam *Atman*, que Jesus chama Alma, e que os filósofos denominam o Eu verdadeiro.

Pela cosmomeditação alcança o homem a cosmoterapia.

E a saúde da alma dará saúde ao corpo.

A plenitude espiritual transbordará em abundância corporal.

Realizando o homem integral, o homem cósmico, o homem crístico.

Sofre o Justo Pelo Pecador

Outrora, revoltava-me essa injustiça: que o inocente sofra pelo culpado.

Parecia-me flagrante injustiça.

Hoje, compreendo a justiça das leis cósmicas.

Se o inocente herdasse as culpas dos culpados, seria injustiça.

Mas isso é impossível.

Injustiça não é que o santo sofra males pelas maldades dos pecadores.

Sofrer pelas maldades alheias não me faz mau — apenas me faz mal.

E o que me faz mal pode fazer-me bom.

Só pode pagar débitos alheios quem está livre de débitos próprios.

O homem inocente é um "bode expiatório" ideal — só quem não tem culpas próprias pode sofrer por culpas alheias.

É vergonhoso pagar culpas próprias.

É glorioso pagar culpas alheias.

Mais glorioso ainda é acumular crédito próprio, pagando débitos alheios.

É essa a glória de todos os santos e iniciados.

Fazer crédito próprio, pagando débitos alheios.

Por isso, os santos são felizes em pleno sofrimento.

Há gozadores infelizes — e há sofredores felizes.

Gozo e sofrimento são do ego humano — felicidade ou infelicidade são do Eu divino.

Gozo e sofrimento nos acontecem — culpados ou inocentes.

Felicidade e infelicidade não nos acontecem pelas circunstâncias, mas são da nossa própria substância.

Feliz de quem pode gozar pelos débitos alheios, enriquecendo a alma com créditos próprios.

Para compreender coisa tão incompreensível, é necessário que o homem se compreenda a si mesmo.

Que não se identifique com o que não é, mas sim com o seu ser verdadeiro.

E não dizia o Mestre: "Conhecereis a verdade e a verdade vos libertará"?

A verdade do Eu vos libertará da ilusão do ego.

História de Uma Gotinha

Mar imenso... Quietude perene... Movimento eterno...
Permite que eu suba do teu seio e aos ares me erga — levíssima!...
Raio solar, vem cá!, ajuda-me a subir. Empresta-me esse fiozinho dourado...
Oh maravilha! Vou subindo, subindo — feito esbranquiçado vapor...
Alto, sempre mais alto — por cima das grimpas da selva, por cima dos cumes dos montes...
Ah! Quão grande é o mundo! Quão azul é o espaço!...
Que é isso? Um sopro de ar que me empolga...
Um vento me arrebata...
Lá vou eu, minúscula gotinha, sobre as asas das brisas, associar-me a muitas irmãs...
Formamos um Estado, uma República de gotas — uma nuvem...
Perdemos de vista o mar e a praia e os rochedos — e tudo...
Corremos por cima de selvas imensas, de montes altíssimos. Semanas a fio — de dia e de noite...
Até que, por fim, à falta de auras, paramos por cima de vastas planícies...
De súbito nos rompe do seio centelha vivíssima — e surdo trovão desperta ecos soturnos no recôncavo da serra...

Tamanho foi o abalo do feroz estampido, que tombei das alturas — e milhares de irmãs comigo tombaram...

Alagamos florestas, pomares, jardins — saciando a sede de seres sem conta.

E fomos correndo, correndo, sem nunca parar — sem saber para onde...

Sempre de cima para baixo — nunca de baixo para cima — porque perdemos as asas...

As asas invisíveis que o sol nos tecera...

De todos os lados nos vêm contingentes, pequenos e grandes, sócios de viagem...

Eis que de súbito se abre ante nós planície imensa — o mar!

Lancei-me em seus braços — afundei em seu seio...

Contei-lhe as mil aventuras que na longa jornada tivera...

E preparei-me para nova viagem...

Oh! vida ditosa! Andar pelo mundo espargindo benefícios — Regressar à origem colhendo energias — e novos benefícios difundir!...

*   *   *

Tal é teu destino, minh'alma, no mundo dos homens — gotinha minúscula...

Tépidos bafejos de raios divinos te erguem do seio das vagas... Em asas etéreas...

Auras benignas te tangem pelo mundo das almas...

Vínculos de amor te unem a outras gotinhas.

Um raio, um trovão, um grande abalo — e desces, gotinha cristalina, sobre as almas humanas...

E retornas ao seio do mar — buscar novas forças para novo trabalho...

Asas etéreas — para nova viagem...

Gotinha de Deus...

Celebra o Natal do Teu Cristo

Quantas vezes celebrei o aniversário do Natal de Jesus!
Agora anseio por celebrar o Natal do meu Cristo.
Do meu Cristo interno — sempre nascituro, e jamais nascido.
Do meu Cristo dormente — que não despertou.
Quando li, nos Atos dos Apóstolos, de Mestre Lucas, que em 120 pessoas havia despertado o Cristo no primeiro Pentecostes — pasmei...
O nascimento do Cristo Carismático — que maravilhoso Natal!
Naquela gloriosa manhã, às 9 horas, em Jerusalém.
E perguntei a mim mesmo: por que não me acontece esse Natal?
Eu sei por que não...
Não me acontece porque não passei pelo silêncio da meditação, como aqueles 120.
Ando sempre nos ruídos profanos do meu ego humano — e não entro no silêncio sagrado do meu Eu divino.
O Cristo interno não nasce do ruído — só nasce no silêncio.
No silêncio da presença...
No silêncio da plenitude...
Vou fazer de mim uma humana vacuidade — para ser plenificado pela divina plenitude.

A minha ego-vacuidade clamará pela cristo-plenitude.

E celebrarei o Natal do meu Cristo.

Em tempos antigos, só sabia eu do Jesus humano, que vivera uma única vez na terra da Palestina.

Como poderia esse Jesus nascer e viver em mim?

Hoje sei que o mesmo Cristo que encarnou em Jesus pode encarnar também em mim.

Não foi ele mesmo que disse que estaria conosco todos os dias até à consumação dos séculos?

E não afirmou ele: "Eu estou em vós, e vós estais em mim"?

Minha alma pode ser uma manjedoura para o Natal do Cristo.

O Natal de Jesus degenerou em festa social e comercial — o Natal do meu Cristo jamais será profanado nem profanizado.

Introspecção

De duas coisas tem horror o homem moderno — de Deus e de si mesmo.

Para fugir de Deus professa ateísmo — para fugir de si mesmo inventa barulhos sem conta.

Se não tem razão, ao menos é lógico — pois quem foge de Deus deve também fugir do próprio Eu...

Um Eu sem Deus é um Eu infernal — e quem pode habitar no inferno?

Para voltares ao Eu — terás de voltar a Deus, ó homem moderno!

Procuras fugir de ti mesmo, enchendo de enorme estardalhaço a tua vida.

Povoas de ruídos a tua solidão interior — com mil vacuidades queres encher o vácuo de ti mesmo.

Não sabes que vácuos não se enchem com vacuidade — mas com plenitude?

Por que evitas saber o que vai por dentro — e só te interessas pelo que vai lá fora?...

Por que és amigo de todas as periferias — e inimigo do próprio centro?

Adoras o barulho das ruas...

Delicia-te o vaivém das avenidas e praças...

Encanta-te o deserto sonoro de praias e clubes, de salões elegantes, de rádio e televisão.

De delírios te enchem loucuras de carnaval e jogos profanos...

E quando vives longe do barulho querido, não sabes o que fazer de ti mesmo.

Estás sobrando em toda parte — e acabas frustrado e neurótico.

Um vácuo em face de outro vácuo...

Venha o jornal, venha o romance, venha o rádio, a televisão, em socorro ao pobre náufrago de si mesmo!

Canalizem ao menos uma parte do profano ruído para a insuportável solidão interior!

Apanha o náufrago a tábua salvadora — e julga escapar de se afogar no oceano do vácuo interno.

Pobre homem! Que será de ti após o carnaval desta vida?...

Quando amanhecer a quarta-feira de cinzas?...

O dia que a cinzas reduz as máscaras da vida?...

O dia que da face arranca todas as fantasias — e a própria pele?...

O dia em que a matéria volta à matéria — e o espírito voltará ao Espírito?...

Constrói, ó homem, a tua vida interna — arquiteta o teu mundo eterno!

Enche de valores eternos os espaços da alma!...

Segue-se ao estonteante carnaval a silenciosa quaresma — segue-se à Semana Santa a Páscoa jubilosa...

Faze de tua vida uma Semana Santa de trabalho, estudo e meditação — e um domingo de Páscoa verás despontar...

Segue-se ao *miserere* de hoje — o *aleluia* de amanhã...

Teu mundo interno é eterno...

Imortal...

És tu mesmo...

Venalidade

Conheço uma mercadoria ideal — que nunca desvaloriza.
Que sempre tem cotação nos mercados do mundo.
Que nunca esgota — por mais que se gaste.
Em tempo de paz, em tempo de guerra — sempre se vende a bom preço.
Vende-se e compra-se a peso de ouro — essa mercadoria ideal.
A consciência...
Vende-se, hoje, a varejo — amanhã, por atacado.
À vista... em conta firme... Em consignação... a prazo... em prestações...
Contra duplicata... letra de câmbio... nota promissória...
Aluga-se... subloca-se... dá-se de empréstimo...
Liquida-se... queima-se... torra-se periodicamente a preço reduzido...
Vende-se em hasta pública, ao correr do martelo do leiloeiro...
Dá-se até de presente — inteiramente de graça — por amizade e convenção social.
E (coisa espantosa!) Por mais que se venda e revenda — está sempre à venda.
Sempre venal — a consciência humana...
Dá-se, hoje, por dez cruzeiros — amanhã, por mil — logo mais, por um milhão de cruzeiros.

Dizem que o homem que vende a consciência é homem sem consciência.

Pois, se a vendeu, como é que a teria?

E, no entanto, está errado! Quem vende a consciência ilude o comprador, fingindo vender o que não tinha.

Vende cadáveres de consciência — não vende consciência viva.

Consciência viva não se pode vender.

Vende, como vende o açougueiro — mercador de carne morta...

Consciência a talho e retalho — consciência exangue e inerte...

Safra de consciências é período de crise...

Crise política e social, econômica e religiosa — prole numerosa de fecunda genitora...

Inventam os homens pretextos sem conta — para fugir à verdade...

Não querem conceder a sua falência moral...

Homem venal, homem falido — aos olhos de Deus e do próprio Eu...

Consciência em leilão!...

Dez cruzeiros por uma consciência! — Quem dá mais?...

Vinte cruzeiros por uma consciência de operário... de homem... de mulher — Quem dá mais?...

Dez mil cruzeiros por uma consciência de capitalista... de funcionário... de religioso — Quem dá mais?...

Um milhão de cruzeiros por uma consciência de Iscariotes!... Olhem que é pouco por uma legítima alma de traidor — Quem dá mais?...

* * *

Depois da milésima venda está a consciência tão gasta e exausta — que não resiste à milésima primeira traficância.

Enojada de si mesmo, nauseada da fétida chaga ambulante — precipita-se ao abismo eterno...

A consciência venal...

Vestais da Humanidade

Pôs Deus em tuas mãos, ó mãe — o futuro do gênero humano...

A humanidade de amanhã — nesse botãozinho de hoje...

Ampara, ó Vestal, com solícitas mãos, o fogo sagrado do templo!

A chama puríssima que arde na alma do infante...

Não arrases antes do tempo os muros protetores que o cercam...

Deixa que ele viva nesse Éden da suave ignorância de si mesmo!

Nunca mais voltará essa quadra feliz em que o homem vive — sem saber da sua vida.

Esse luminoso paraíso onde os anjos de Deus sorriem ao pobre mortal...

Essa alvorada virgem aljofrada do orvalho da noite cósmica...

Esse dormir para um mundo de ignotas surpresas e mistérios...

Deixa que teu anjo ignore as tragédias do ser — e as tempestades da vida...

Deixa-o ainda dormitar nessa inconsciente hibernação...

Não o lances, prematuro, ao campo de batalha das paixões...

Deixa, ó Vestal, que o pequenino botão goze em cheio — o que nunca mais gozará.

Não rompas o invólucro da linda crisálida — que só a borboleta pode romper...

Não fales ao pequeno em coisas que não são do seu reino...

Não jogues ao profano turbilhão das coisas do sexo — o lírio duma alma infantil...

Não antecipes a primavera — que só a Natureza pode acordar...

Só um ósculo de luz é assaz delicado para despertar a princesa dormente.

Permite que ela corra e folgue, que muito veja e ouça — que sorva a largos haustos os albores da vida...

De muita luz e movimento necessita quem imóvel passou longos meses escuros...

De muita abundância tem mister quem entra vazio no cenário da vida...

De todas as cores do céu e da terra precisa quem em carta branca vai amplos panoramas pintar...

Nem te esqueças, Vestal, que de infinita delicadeza é a alma infantil!

Antena ultrassensível, apanha todas as ondas que andam no ar...

Todos os fluidos dos teus pensamentos...

Todas as vibrações do teu ser...

Mesmo que nada entenda — tudo percebe...

Tudo lhe fica na zona noturna da alma...

Noturna hoje, matutina amanhã — diurna mais tarde...

Revelam-se um dia as imagens latentes que na alma fotografaste...

Protege, solícita Vestal, o fogo sagrado...

Que não rompa em sinistro incêndio...

Que arda em benéfica luz solar...

Fogo da vida...

Luz do espírito...

Confiteor

Donde vens tu, estranho invasor?
— Venho da Europa, ilustre cacique. Venho trazer ao teu povo o Evangelho de Jesus Cristo e a civilização cristã.
— Da Europa? Desse inferno, onde os homens se matam aos milhões sem saber por quê? E queres trazer-nos o Evangelho e a civilização cristã? Coisa bem perigosa deve ser isso...
— Sou arauto de Jesus Cristo...
— Já ouvi falar desse Jesus Cristo. Lá na Europa todos são cristãos?
— Quase todos.
— Há quanto tempo?
— Há quase dois mil anos.
— Pelos modos, esse tal Jesus Cristo deve ter sido um homem perverso, um monstro de crueldade...
— Por favor, não digas isso, amigo cacique! Jesus Cristo foi o melhor dos homens que já viveram no mundo. Sábio, justo, caridoso — o homem divino, Deus mesmo.
— E foi esse homem que os ensinou a matar outros homens? A inventar máquinas infernais que destroem milhares de vidas humanas num instante? Que exterminam famílias inteiras, mulheres e crianças, e reduzem à miséria os sobreviventes? Foi esse homem que ensinou a fazer chover bombas mortíferas? A

espalhar gases venenosos e micróbios que provocam moléstias horríveis? Foi ele que vos mandou dizer pelos jornais e pelo rádio esse mundo de mentiras? A espalhar ódios entre os homens?... Responde-me, estranho invasor...

— Senhor cacique... O nosso grande Cristo não mandou nada destas coisas. Proibiu tudo o que acabas de dizer... "Amai-vos uns aos outros — dizia ele — assim como eu vos tenho amado. Perdoai aos que vos ofendem... Quando alguém te ferir na face direita apresenta-lhe também a outra... Quando alguém te roubar a túnica, cede-lhe também a capa... Amai os vossos inimigos. Fazei bem aos que vos fazem mal, para serdes filhos do Pai celeste, que faz nascer o seu sol sobre bons e maus e faz chover sobre justos e pecadores"...

— Quer dizer que vós, cristãos, não fazeis o que Cristo mandou? Ele era bom — e vós sois maus? E dizeis-vos amigos e discípulos do Cristo? Onde se viu tamanha mentira?...

— Infelizmente... infelizmente... Mas, ilustre cacique, deves compreender. Eu venho ensinar a doutrina do Cristo, e não a prática dos maus cristãos. Ponho diante dos olhos de teu povo o exemplo bom do Cristo, não o exemplo mau de muitos cristãos...

— Não compreendo nada dessa filosofia, estranho europeu. Se na Europa há tantos maus cristãos, muitos milhões, como disseste, por que não ficas na tua terra para cristianizar essa gente? Por que não cristianizas Paris, Londres, Roma, Berlim, e outras cidades européias, certamente menos cristãs do que nós, gentios da Ásia. Não seria melhor começar por casa essa cristianização?... Mais tarde então, quando tiveres convertido ao Cristianismo os teus patrícios cristãos, podes vir aqui falar à minha gente pagã. Por enquanto, não dou licença. Estás despedido!...

* * *

Confiteor!... Mea culpa, mea culpa, mea maxima culpa...

Triunfos Alheios

Difícil é tolerar derrotas próprias...

Dificílimo tolerar vitórias alheias...

Quem suporta, sereno e calmo, um fracasso pessoal — é forte...

Quem pode, de coração sincero, felicitar a outrem por um triunfo — é herói.

De todas as coisas difíceis uma das mais difíceis é esta: celebrar triunfos alheios.

Toda grandeza alheia parece amesquinhar meus direitos...

Toda luz do vizinho parece ofuscar meus fulgores...

Todo louvor tributado ao próximo parece vitupério para mim...

Todo bem que de outros dizem parece diminuição do meu bem...

Basta que fulano tenha valor — e logo me sinto desvalorizado...

Basta que brilhe a inteligência de sicrano — e logo me sinto menos inteligente...

Basta que digam que beltrano é homem de bem — e logo me parece que me chamaram malfeitor.

Por isso, tomo a defensiva do ego — e passo logo à ofensiva do Tu...

Agredido, agrido o pretenso agressor...

Protesta meu ego contra o Tu — com medo de que esse Tu venha a ser um super-ego.

Apago outras luzes — porque não sinto assaz forte minha luz...

Toda inveja é confissão de fraqueza e mesquinhez...

Toda maledicência é atestado de raquitismo espiritual...

Quem goza saúde perfeita pode tolerar que outros gozem perfeita saúde...

Quem se sente cheio de forças pode permitir que haja fortes a seu lado...

Só o vagalume precisa da noite para luzir...

Somente o fraco chama débeis os fortes — para parecer forte ele mesmo...

Só o semicego chama cegos os videntes — para ser o único vidente entre cegos...

Somente o enfermo nega saúde aos sãos — para parecer rei entre escravos...

Só pode alegrar-se com o triunfo do vitorioso quem possui grande força moral.

Quem dentro de si possui valor absoluto — e não mede o seu valor pelo desvalor relativo dos outros...

O espírito livre e largo — não afere a sua plenitude pela vacuidade do próximo...

Só o homem perfeito e maduro pode em verdade dizer: sinceros parabéns pela vitória alcançada!

Dar esmola a um indigente — é cristão...

Socorrer a um necessitado — é honesto...

Apresentar condolências a uma vítima — é humano...

Mas em tudo isso pode o homem gozar a própria fortuna — em face do infortúnio do próximo...

Pode saborear a sorte feliz — na sorte adversa do outro...

Mas, para exultar interiormente com o triunfo dum homem feliz — requer-se grande heroísmo da alma...

"Há mais felicidade em dar que em receber"...

Piano — e Panelas

Piano querido!...
De quantas saudades me encheste a alma!...
Companheiro na minha primavera de moça — assististe à primeira declaração de amor...
Em tuas teclas brancas e pretas transfundia meu coração seus amores e suas mágoas...
Teus sopros sonoros povoavam de sonhos multicores meus anos felizes...
Sobre as asas das tuas melodias, visitaram-me Beethoven e Haydn, Haendel e Wagner, Bach e Chopin — todos os gênios da divina harmonia...
Velho piano, levei-te para o santuário do meu lar — nosso lar...
E ele, o amigo querido, escutava, enbevecido, minhas sonatas e valsas — a voz das tuas cordas sonoras...
Veio, depois, a derrocada cruel!...
E tu, piano querido, passaste a mãos estranhas...
Chorei, chorei, chorei...

Panelas malditas!...
Que ódio profundo vos tive...
Negrejante bateria culinária — legião de Satã sobre o fogo infernal...

Panelas e tachos, chaleiras e frigideiras — por que suplantastes meu lindo piano?...

Por que me enchestes de prosaísmos a poesia da vida?...

Roubastes à minha pele a tez delicada...

Tirastes-me das unhas o esmalte luzidio...

Fizestes de mim trivial cozinheira...

Que música é essa, fogões, que vossas bocas exalam?...

Fumo e vapores, cinza e fuligem! — é este o ambiente em que vivo...

Ah! como chorei, chorei, chorei!...

Panelas amigas!...
Há muito, muito tempo, que meu ódio morreu...

Discreta simpatia sucedeu à antipatia que vos tinha...

Convivo convosco, panelas amigas — e com as que vos servem...

Almas singelas e simples vos cercam — almas com muita alma...

Quero-lhes bem, a essas creaturas de branco avental — e elas me querem...

Quase operária entre operárias — trabalhando, lutando, sorrindo — calando.

Muita coisa morreu dentro de mim — e muita coisa em mim nasceu...

Montanhas de dores sobre mim desabaram...

Oceanos de lágrimas me lavaram as faces...

Incêndios atrozes me arderam na alma...

E após esta tempestade cruel — a grande bonança...

Compreensão... Serenidade... Resignação... Calma... e Paz...

O reino de Deus dentro de mim...

A atmosfera do Nazareno em torno de mim...

Mais belas que as melodias do piano querido, canta, entre panelas amigas — a sinfonia de Deus...

Achei a mim mesma — na renúncia do ego...

E choro — feliz...

Na felicidade dos outros...

Como as Violetas

"Quando deres esmolas, não te ponhas a tocar a trombeta, como fazem os hipócritas, nas sinagogas e nas ruas, para serem elogiados pela gente. Quando deres esmola, não saiba a tua mão esquerda o que faz a direita...

Quando orares, não procedas como os hipócritas, que gostam de se exibir nas sinagogas e nas esquinas das ruas a fazer oração, a fim de serem vistos pela gente. Tu, porém, quando orares, entra em teu interior, fecha a porta e ora a teu Pai às ocultas...

Quando jejuares, não andes tristonho, como os hipócritas, que desfiguram o rosto para fazer ver à gente que estão jejuando. Tu, porém, quando jejuares, unge a cabeça e lava o rosto, para que a gente não veja que estás jejuando, mas somente teu Pai celeste" (Jesus, o Cristo).

Se renunciaste ao matrimônio por amor ao reino de Deus, não te ponhas a alardeá-lo do alto do púlpito, nas páginas dos livros e nas colunas dos jornais, para que não desmereça com vanglória o teu heroísmo espiritual.

Deixa que os profanos cantem a apoteose da virgindade aos amores humanos, para que não te pareças com aquele fariseu no templo, que agradecia a Deus "por não ser como o resto dos homens"...

Não pregues à entrada da tua casa uma placa vistosa com os dizeres: "Aqui mora um herói", porque o verdadeiro heroísmo atua sem letreiro nem reclamo.

Deixa aos outros o encargo de celebrar as tuas glórias e tanger a harpa das tuas virtudes.

Não sabes que a borboleta, quando apanhada por mãos profanas, perde o mais delicado dos seus encantos?

Ignoras que as essências finas, quando expostas ao ar, se volatilizam rapidamente?

Não sabes que as flores, quando desprendidas da haste, começam a agonizar?

A beleza só é bela quando ingenuamente ignora a si mesma.

As verdadeiras Verónicas, que enxugam o rosto aos sofredores, são anônimas e desaparecem sempre por detrás dos sudários sangrentos da sua discreta caridade.

As violetas enchem de suave fragrância o ambiente, mas permanecem sempre ocultas à sombra das verdes folhas, que têm forma de coração.

Por que profanas o *sancta sanctorum* do teu heroísmo interior escancarando-lhe a porta à devassa de olhares profanos?

Vive com Jesus e acompanha-o à solidão noturna das montanhas e dos ermos.

Ampara com mãos de solícita e pura Vestal o fogo sagrado do teu idealismo cristão.

Nunca é mais belo o heroísmo espiritual do que quando ignorado de todos e só conhecido de Deus.

Como as violetas.

"Fui Raptado ao Terceiro Céu"

Que disseste, Paulo? Foste raptado ao terceiro céu? E eu, que nem conheço o primeiro e o segundo céu...

Ah! já sei, já sei...

Foste raptado para além do primeiro céu dos sentidos e para além do segundo céu da mente.

Foste raptado ao terceiro céu do espírito.

Eu conheço bem o primeiro céu , conheço também o segundo céu — nada sei do terceiro céu.

Creio no céu do espírito, que espero para depois da morte.

Mas tu entraste no terceiro céu, em plena vida.

E lá no terceiro céu tu ouviste "ditos indizíveis" — que transformaram a tua vida terrestre.

"Nem olhos viram, nem ouvidos ouviram, nem jamais penetrou em coração humano o que Deus preparou àqueles que o amam."

Para além dos sentidos e da mente do meu ego humano — eu me deixarei raptar para o terceiro céu do meu Eu divino.

Enquanto eu me identificar com o ego, que não sou, não sou raptável.

Enquanto eu viver satisfeito no primeiro céu dos sentidos e no segundo céu da mente, ninguém me pode raptar para o terceiro céu do espírito, que sou.

"Transmentalizai-vos, porque o Reino dos Céus está ao vosso alcance".

Se eu não me transmentalizar, não ultrapassar o meu ego do aquém, não serei raptado para as regiões do Além.

Deus respeita o meu livre-arbítrio.

Enquanto eu não abrir a porta para que alguém possa entrar no recinto do meu ser...

Raptar-me não está em meu poder — em meu poder está somente abrir as portas para ser raptado.

E os "ditos indizíveis" do meu terceiro céu ecoarão através do meu primeiro e segundo céu.

Calar as Grandezas

Perguntaste-me, amigo, se eu ia escrever um livro sobre o poeta cristão de Assis...

Chaga dolente me reabriu no espírito essa pergunta...

Ante os meus olhos surgiu toda a potência do meu querer — e toda a insuficiência do meu poder...

Eu, é verdade, já cometi delitos dessa natureza — escrevendo sobre os heróis do espírito...

Mas, à última página, foi sempre maior o remorso que a satisfação...

Espetada no museu a minha borboleta — via eu que perdera os mais belos encantos...

Grandezas da alma não se podem dizer — só se podem calar...

Livro sobre as maravilhas divinas no homem — só devem constar de reticências e páginas em branco...

Como se pode tocar em tão delicado cristal — sem o quebrar?...

Como se pode colher uma flor — sem a matar?...

Como se pode apanhar borboleta — sem lhe tirar das asas o finíssimo pó?...

Como se pode recolher das folhas, com grosseira colher de pau, as pérolas do orvalho noturno?...

Como poderia eu assoalhar em praça pública a vida íntima duma alma?...

Como apregoar nas ruas os segredos anônimos dum coração?...

Como escancarar à devassa de olhos impuros o *sancta sanctorum* do templo de Deus?...

Como poderia eu dizer a homens mortais o que o santo nem soube dizer ao Deus imortal?...

Não, meu amigo, não posso escrever sobre as grandezas do poeta cristão de Assis...

Prefiro admirar em plena liberdade esse sopro de Deus a analisá-lo no laboratório...

Em vez de falar — vou calar as grandezas do herói...

Assim, se não acerto em dizer o que ele é — não digo ao menos o que não é...

Sobre o papel do silêncio, com a tinta das reticências — escreverei a biografia do grande anônimo de Assis...

Ou, se quiseres, lançarei ao mundo uns fragmentos amorfos, com os quais poderás arquitetar o que entenderes...

Amor e alegria, entusiasmo e serenidade, sofrimento risonho e espontânea renúncia — e tudo isso aureolado de espiritual leveza e jubilosa felicidade — eis as pedras para o edifício!...

Não o levantarei, para que o possas construir — segundo o teu plano.

Não se prendem raios solares — em gaiolas de ferro...

Não sei vazar em períodos corretos — a poesia da Natureza...

Não sei definir com silogismos — uma alma ébria de Deus...

Nada disso sei — só sei calar grandezas humanas.

Porque toda grandeza é anônima.

Como anônimo é Deus.

O Inefável...

"Ele é Bom — Crucifica-o"

Amigo ignoto, ouve e escuta a mais dura lição que humanos ouvidos podem ouvir!

Depois de prestares à humanidade todos os benefícios que puderes —

Depois de lhe ofereceres em holocausto mocidade e saúde, fortuna e saber —

Depois de esgotares o derradeiro átomo de energia e extinguires, a serviço dos outros, a última luz dos teus olhos —

Depois de tudo isso, amigo ignoto, aguarda um inferno de ingratidão!

Ninguém pratica impunemente o bem — neste mundo imundo...

Ninguém planta roseiras — sem ferir as mãos nos espinhos...

Ninguém ilumina inteligências juvenis — sem ser por elas explorado quando velho.

Ninguém leva outros ao cume do ideal — sem que eles tentem despenhá-lo ao abismo.

Ninguém abre as pupilas a cegos — sem que eles, quando videntes, lhe arranquem os olhos.

Ninguém dá de comer a famintos — sem que estes quando fartos, o devorem...

Ninguém "atira pérolas aos porcos — sem que estes lhe metam as patas e o dilacerem".

Ninguém abençoa crianças inocentes — sem que estas, quando adultos, o posponham a Barrabás...

Ninguém cura cegos, surdos, mudos, coxos, leprosos, aleijados — sem que estes suspendam na cruz seu benfeitor...

Ninguém ressuscita Lázaros, jovens de Naim e filhas de Jairo — sem que estes, redivivos, lhe tirem a vida...

Ninguém prega doutrinas divinas nem ensina mistérios celestes — sem que seja tachado de louco varrido ou aliado de belzebu...

Ninguém mostra aos homens o caminho da verdade e da vida — sem que os homens lhe apontem o caminho do exílio...

Convence-te disso, meu ignoto amigo:

Existe uma misteriosa lei de polarização.

Assim como ao pólo elétrico positivo corresponde um pólo negativo, e tanto mais negativo quanto mais positivo for aquele —

Assim como as trevas são tanto mais espessas quanto mais intensa é a luz —

Assim como às mais altas montanhas da terra correspondem os mais profundos abismos do mar —

Assim deve também aos mais insignes benefícios corresponder a mais infame ingratidão...

Desde que o Nazareno sofreu pelo maior de todos os bens todos os males — vigora essa lei estranha, esse paradoxo dos paradoxos...

Desterra, pois, de ti esse desejo impuro de justiça!

Injustiça é pão cotidiano — justiça é iguaria de festa...

Ingratidão é regra geral — gratidão é feliz exceção...

Seja tão potente a força do teu espírito, seja tão pujante a juventude de tua alma — que nenhuma ingratidão te faça ingrato!

Nenhuma derrota te faça derrotista!

Nenhuma amargura te faça amargo!

Nenhuma injustiça te faça injusto!

Negativos e Positivos

Que é isto, artista desastrado?... Compensas com escuros todos os meus claros?...

Enches de sombras a claridade das minhas luzes?...

Por que inverte a ordem natural?..."

Assim falava a chapa fotográfica, no fundo do banho de sais...

O fotógrafo, porém, sorrindo, permaneceu calado...

E, agitando o recipiente esmaltado, banhava em silêncio o negativo...

E à medida que os claros suplantavam os escuros, e os escuros os claros, crescia a revolta do negativo...

"Protesto, artista às avessas!... Está tudo errado, erradíssimo!...

Não vês que o rosto da jovem, tão alvo, sai preto?

Não vês que seus olhos escuros saem brancos como giz?...

Retrato, isto?... Horripilante caricatura!"...

E o artista, sempre calado, agitava, sorrindo, a solução reveladora...

E tirando, ao clarão de luzes vermelhas, a película, submergiu-a no banho fixador...

"É o cúmulo! — bradou o negativo, no auge do furor e, por um triz, quase se parte ao meio — protesto!...

E o artista, sempre sereno e calmo, sorria...

Passado algum tempo, tirou do fixador a película de cores invertidas.

E ela, impotente, chorava de raiva, gotejando lágrimas a flux — até lhe secarem os olhos...

E o artista, sempre calado, colocou por debaixo da chapa uma folha de brometo de prata — e a expôs à luz uns instantes...

Eis que na folha sensível aparece lindíssima imagem — o positivo!...

Semblante juvenil, risonho, perfeito — retrato fiel de formosa jovem...

Calou-se então o negativo e, confuso, sumiu-se num canto — para sempre...

* * *

Não estranhes, minh'alma, essa mescla de sombras e luzes, na vida terrestre!

Não estranhes esse jogo de claros e escuros —

Esta vida que vives é tempo de processo negativo — de ordem inversa...

Caricatura te parece o que retrato devera ser...

Injustiça, desordem, contrassenso, paradoxo...

Premia-se o mal — e castiga-se o bem...

Sofre o inocente — e exulta o culpado...

Tolera, ó homem, esse mundo absurdo e paradoxal — nesta vida negativa...

Um dia será reinvertido o que está invertido — naquela vida positiva...

As luzes serão luzes — e as sombras serão sombras...

Dia de justiça e de retíssima ordem das coisas...

Cala-te, assim como se cala o divino Artista — ante os protestos da tua ignorância!

Espera a revelação final do teu ser!...

Deixa o divino Artista agir...
Ele, que é poderoso, sapiente e bom...
Há de revelar, à luz do seu reino,
Tudo que na vida presente
Fotografaste na alma...

Encontro Contigo Mesmo

Quantas vezes te encontras com teus amigos?
E nunca te encontras contigo mesmo?
Não com o teu ego externo — sim com o teu Eu interno...
O encontro com o teu centro resolveria os problemas das tuas periferias.
O encontro com tua alma resolveria os problemas da tua mente e do teu corpo.
Marca, cada manhã cedo, um encontro com tua alma.
Longe de todos os ruídos da tua mente e do teu corpo.
Isola-te em profundo silêncio e solidão.
Esvazia-te de tudo que tens — e serás plenificado pelo que és.
Faze do teu ego uma total vacuidade — e serás plenificado pelo Eu divino.
Onde há uma vacuidade acontece uma plenitude — é esta a maravilhosa matemática do Universo.
Entra, cada manhã, num grande silêncio — num silêncio plenicosnciente.
No silêncio da presença.
No silêncio da plenitude.
Abre os teus canais rumo à fonte cósmica — e as águas vivas do Universo fluirão através de teus canais.
E nunca mais te sentirás frustrado, angustiado, infeliz.

Esse encontro com o teu centro de energia beneficiará todas as periferias da tua vida diária.

Até os trabalhos mais prosaicos te parecerão poéticos.

E as pessoas antipáticas te serão simpáticas.

Nenhuma injustiça te fará injusto.

Nenhuma maldade te fará mau.

Nenhuma ingratidão te fará ingrato.

Nenhuma amargura te fará amargo.

Nenhuma ofensa te fará ofensor nem ofendido.

E estenderás o arco-íris da paz sobre todos os dilúvios das tuas lágrimas.

Se te encontrares contigo mesmo...

Isola-te, numa hora de profundo silêncio e solidão.

Mais tarde, serás capaz de estar a sós contigo em plena sociedade, no meio da tua atividade profissional.

E então terás resolvido definitivamente o problema da tua vida terrestre.

O mundo de Deus não te afastará mais do Deus do mundo.

A vida Paradoxal dos Avatares

Quando um avatar se aproxima da plenitude da sua realização — então anseia ele por um sofrimento voluntário.

De tão liberto de todas as escravidões compulsórias, anseia ele por uma escravidão voluntária.

Quem é pouco livre não gosta de servir — quem é muito livre serve por amor.

Quando um avatar se aproxima do zênite da sua liberdade, desce ele ao nadir da servidão — por amor.

Por amor de quê?

Por amor não só de seus semelhantes ainda não libertos, mas por amor à própria autolibertação ulteriormente realizável.

Somente uma servidão voluntária levará o avatar a uma libertação maior.

O avatar não quer gozar um céu gozado — ele quer gozar um céu sofrido.

O zênite de gozar impele ao nadir do sofrer.

O avatar sabe que a vida não é uma meta final, mas uma jornada em perpétua evolução.

Para o iniciado, sofrimento não é infelicidade — a própria felicidade o impele ao sofrimento.

A um sofrimento por amor à sua realização ultrarrealizável.

O Cristo, que estava na glória de Deus, não julgou necessário aferrar-se a esta divina igualdade; esvaziou-se dos esplendores da Divindade e revestiu-se de roupagem humana; tornou-se homem, servo, vítima, crucificado; por isso, Deus o exaltou soberanamente e lhe deu um nome que está acima de todos os nomes, de maneira que em nome do Cristo se dobram todos os joelhos, dos celestes, dos terrestres e dos infra-terrestres, e todos confessam que o Cristo é o Senhor.

O Cristo *encarnado* se tornou um super-Cristo depois de *encarnado*.

É essa a estranha *antidromia* de todos os grandes espíritos: evolver mediante uma voluntária involução.

Quem quiser ser grande — faça-se pequeno.

Quem quiser subir — desça para subir mais alto.

Quem quiser viver eternamente — morra espontaneamente.

Queimar os Navios

"Queima os teus navios, meu amigo!" — assim te escrevi...
E tu me perguntas o que quer isso dizer...
Coisa muito grave, gravíssima — quer isso dizer, meu amigo...
Quando Fernando Cortez, há mais de quatro séculos, aportou no país dos astecas, disse ele aos soldados:
"Reembarque para Cuba todo homem medroso!..."
Silêncio profundo acolheu esta ordem — e o pugilo de temerários heróis foi à conquista do México...
Para cortar cerce toda esperança de regresso inglório, lançou Cortez fogo aos navios — reduzindo-os a cinzas...

* * *

E tu, meu amigo — já queimaste teus navios?...
Cortaste rente toda a ideia de voltar atrás — às "panelas do Egito"?...
Das árduas alturas do espírito — para a suave planície da matéria?...
Olha em derredor: quase todos preferem a farta escravidão — à austera liberdade...
E muitos dos que vão à conquista do paraíso de Deus — deixam intatos seus barcos...

Sempre dispostos a refugiar-se neles — no comodismo da vida, nas queridas vaidades de ontem...

Aqui, o deserto de Deus — lá embaixo, festins do Egito...

Aqui em cima, remar contra a corrente — lá embaixo, deixar-se ir ao sabor das tépidas vagas...

Somos como nadadores principiantes que se lançam às águas mas não largam os arbustos da praia.

Quanto mais nos convida a jubilosa liberdade das ondas bravias de Deus — tanto mais nos aferramos às coisas queridas da terra...

Somos de Deus, certamente — mas somos também do mundo...

Não ousamos sem reserva lançar-nos a seus mares ignotos — e perder de vista os verdes litorais da nossa vida...

Empunhamos o arado de Deus — mas sempre a olhar para trás...

Queremos, sim, anunciar o reino de Deus — mas primeiro matar saudades em casa e enterrar nossos defuntos...

Ai! como é difícil ser integralmente o que se é!...

Bandeirante de vastos horizontes...

Pioneiro de mundos ignotos...

Herói sem reserva!...

Forramos de anêmicos *quisera, quisera* nossa vida — e não ousamos bradar um intrépido *eu quero*!...

Tu, meu amigo, que és jovem e espírito ideal — reduze a cinzas as naus em que vieste!...

Morrer para o teu panteão de ídolos...

Morrer por um grande ideal...

É viver eternamente...

Na Atmosfera da Divindade

Liberta-te, ó homem, do erro funesto de que a oração valha pelo que alcança — ela só vale pelo que é.

O fim da prece não é alcançar algum bem — é fazer-te bom.

Seres intimamente bom vale mais que todos os bens externos.

A oração é um ingresso na atmosfera da Divindade.

É uma submersão nos mares profundos do Eterno.

É um banho de luz ao sol do Infinito.

É uma intensa diatermia da alma.

A oração te faz melhor, mais paciente, mais humilde, mais caridoso, mais sereno, mais leve, mais feliz, mais humano e mais divino — e é nisto que está o seu verdadeiro valor.

Ser-te-á dado o objeto pedido, se Deus quiser — mas a própria oração sempre te enriquece a alma.

Pouco importa o que tenhas ou não tenhas — muito importa o que és.

Pode um homem possuir muito ou pouco, ser sábio ou ignorante, sadio ou doente — nada disso afeta o íntimo quê do seu ser.

A oração faz do homem o que ele deve ser, no plano eterno.

Atua como o Sol, que no fundo da terra acorda a sementinha dormente e dela faz nascer a planta.

À luz solar da oração despertam dentro do homem as forças latentes do seu Eu superior.

Brotam as raízes profundas da alma, expandem-se as viridentes folhas das ideias e dos ideais, desabrocham as flores das virtudes, sazonam riquíssimos frutos de justiça e amor.

Ao ardor divino da oração perecem os miasmas dos desejos profanos, neutralizam-se as toxinas dos hábitos viciosos...

Por isso, dizia o divino Mestre: "É necessário orar sempre e nunca desistir" — assim como é preciso respirar sempre a atmosfera ozonizada da claridade solar...

É por isso que todos os espíritos superiores, todos os grandes benfeitores da humanidade, eram homens de oração e amigos das grandes solicitudes espirituais.

É por isso que todo homem sem amor à oração é um infra-homem, um pseudo-homem, um organismo espiritualmente depauperado.

Não pode a planta viver e prosperar senão ao influxo da claridade solar — não pode a alma humana realizar o seu grande destino senão ao sol divino de oração profunda e prolongada...

Abre, ó homem, os pulmões da alma à atmosfera vitalizante da Divindade!

Respira profundamente as auras matutinas do alto!

E terás saúde espiritual...

Indefectível juventude...

Vida *Versus* Amor

A vida explora — o amor é explorado...

Por isso, são incompatíveis o amor e a vida...

Eternos antagonistas — mortais inimigos...

No dia e na hora em que isso compreenderes, meu ignoto amigo, melancolia profunda te envolverá a alma e angústia imensa te invadirá o coração...

Procurarás fugir deste mundo imperfeito e paradoxal, porque não podes amar sem viver — nem queres viver sem amar.

Viver é lutar — amar é ser imolado.

Para conquistar espaço vital, é necessário matar o vizinho — para amar, é necessário deixar-se matar.

"Nós temos uma lei, e segundo a lei ele deve morrer! Crucifica o Cristo — e solta-nos Barrabás!"

Crucifica o amor — e põe em liberdade o explorador!

A vida é violenta, cruel, sem coração; afirma-se à força de murros e pontapés, ao crepitar da metralha e ao furor mortífero de carros de assalto.

A "luta pela existência" elimina impiedosamente o que é fraco e conserva o que é forte — para que evolver possa o mundo material.

O amor ampara o que é frágil, abraça o que é imperfeito, acolhe o serzinho enjeitado, agasalha o órfão anônimo, enxuga as lágrimas da viúva, pensa as chagas do leproso, oscula os farrapos do mendigo, volta as costas ao que é forte e feliz e busca sempre o que é fraco e infeliz.

O amor é o avesso da vida.

É a face noturna dessa vida que folga aos fulgores da zona diurna.

É a fuga do zênite e a demanda do nadir da existência humana.

A vida mata para não morrer — o amor se deixa matar para que outros possam viver.

O amor cede aos outros o seu "lugar ao sol" — e submerge nas sombras ele mesmo.

Só pode ter amor o homem que se libertou da escravidão da matéria.

Independência — ou morte!

Ou proclamar a soberania do espírito sobre a brutalidade da matéria — ou então o amor assassinado pelo egoísmo da vida.

O amor é a mais poderosa afirmação do espírito.

É uma antecipação da vida eterna, onde será absoluto o domínio do espírito.

Quando terminar esta vida mortal, sucederá à atual desarmonia a mais perfeita harmonia entre o amor e a vida.

Não haverá mais explorador nem explorado.

Celebrarão o amor e a vida um tratado de paz e cantarão a sinfonia da grande e imperturbável felicidade...

Vida eterna...

Amor imortal...

A arte de Calar e Não Ver

Não te esqueças, amigo ignoto, de que todo homem, mesmo o mais positivo e dinâmico, é essencialmente fraco, indigente, necessitado de socorro.

Todo homem tem as suas horas de solidão interior, horas de trevas e desânimo, horas de desorientação e negro pessimismo.

É preciso que saibas adivinhar, nos olhos e na alma do próximo, essas horas noturnas...

Deves saber quando convém visitá-lo — e quando convém deixá-lo a sós...

Quando falar com ele — e quando calar com ele...

Quando o animar — e quando o tolerar, porque até os santos devem ser tolerados...

É preciso que saibas ver a seu tempo — e não ver a seu tempo...

É preciso que saibas silenciar em face das suas derrotas íntimas — e fechar os olhos ante as suas fraquezas...

Quem espera de seu irmão perfeição absoluta cairá de decepção em decepção — e está sempre disposto a lhe tirar do olho o argueiro.

Há na vida de todo mortal momentos trágicos em que se apagam todos os faróis da praia, em que se eclipsam todas as estrelas do firmamento, em que vacilam todas as colunas sob a veemência do terremoto...

Há na vida humana transes de suprema angústia em que o pobre mártir do próprio ego tem de disfarçar com a serenidade dum sorriso convencional o candente vulcão da sua tragédia interior...

Nem sempre a sociedade permite ao homem ser o que ele é...

Feliz de quem encontra uma alma compreensiva no meio da incompreensão!

Feliz de quem sabe ignorar, na discreta reticência dum grande amor, aquilo que desune os homens e acende nas almas infernos de infelicidade!

Muitos são os homens que enxergam com admirável precisão — poucos os que sabem ser cegos quando convém...

Eterno silêncio envolve os cumes excelsos das grandes montanhas — e as ínfimas profundezas do mar...

Mudos são os mais humanos e os mais divinos momentos da nossa vida — os abismos da dor e as alturas do amor.

Nas mais altas alturas e nas mais profundas profundezas do seu ser — o homem está só...

E a sós consigo e com Deus tem de resolver os mais trágicos problemas da vida...

Ninguém o pode acompanhar nessa grande solidão...

Nem pai nem filho...

Nem esposo nem esposa...

Nem irmão nem amigo...

Ele só com Deus...

As Duas Faces da Nuvem

Não creias, amigo ignoto, em nuvens totalmente escuras.

Por mais sinistras que pareçam, cá de baixo, não deixam de ser luminosas, vistas lá de cima.

É questão de perspectiva...

Quando um dia subires à estratosfera, verás que até o mais espesso negror se dilui em luminosa alvura.

Não creias em vida perdida.

Não fales em derrota completa.

A vida é tão vasta, sublime e profunda, que nenhuma desgraça a pode inutilizar por completo.

Se a ignorância ou a perversidade dos homens te fecharem uma porta, abre outra.

Se a perfídia dos inimigos ou a traição dos "amigos" demolirem os palácios da tua opulência, levanta modesta choupana à beira da estrada.

Ninguém te pode fazer infeliz — a não ser tu mesmo.

Tu é que tens nas mãos as chaves do céu e do inferno.

"O reino de Deus está dentro de ti"...

A felicidade não está na periferia da tua vida — está no centro do teu ser.

Não é nos nervos, na carne, no sangue, no acaso ou no destino que reside a verdadeira beatitude — mas, sim, no íntimo recesso da tua consciência.

Melhor uma choupana arraiada de sorrisos do que um palácio afogado em lágrimas...

Deus te creou para a felicidade — e quem pode frustrar os planos do Onipotente?

Se a tua vida não é um dia cheio de sol — por que não poderia ser uma noite iluminada de estrelas?

Por que não poderia a tua felicidade ganhar em profundidade o que talvez tenha perdido em extensão?

Por que não poderia a luz suave de miríades de astros infundir-te na alma uma felicidade que nunca te deram os fulgores solares?

Se não percebes o chilrear dos passarinhos e o chiar das cigarras da zona diurna da vida — por que não te habituas a escutar as vozes discretas com que o silêncio noturno enche a tua solidão?

Há tanto misticismo nas fosforescências da Via-Láctea...

Há tanta sabedoria na reticência da luz sideral...

Há tanta eloquência no mutismo das nebulosas longínquas...

Há tantas preces no sussurro das brisas noturnas...

Há tanta alma na argêntea placidez do luar...

Há tanta filosofia na vastidão pressaga do cosmos...

Há tanta beatitude na acerbidade da dor, quando iluminada por um grande ideal...

Há tão profunda paz em pleno campo de batalha, quando o homem compreendeu o porquê da luta e o sentido divino do sofrimento...

Por mais negra que seja a face humana das nuvens da tua vida — crê, meu amigo, que é luminosa a face voltada para as alturas da Divindade.

Somos o Que São os Nossos Ideais

Não julgues o homem só pelo que ele é — julga-o antes pelo que desejaria ser.

Melhor que a fortuita realidade caracteriza ao homem a espontânea liberdade do seu ideal.

Pode a realidade ser o corpo da nossa vida — mas o ideal é a alma do nosso ser.

Quantas vezes não é a realidade filha dum inconsciente *dever* — mas o ideal nasce sempre dum consciente *querer*.

Mais vale a espontânea liberdade que a dura necessidade.

Todo homem é aquilo pelo que vive e trabalha, luta e sofre — e não aquilo que o domina e oprime.

Quando Jesus encontrou, nos caminhos da sua peregrinação terrestre, aquela "pecadora possessa de sete demônios", não lhe perguntou o que fora, mas sim, o que queria ser.

Imensamente triste era aquilo que Madalena fora — divinamente belo o que ela queria ser — e já era.

E o Nazareno lançou ao olvido o passado da pecadora, em atenção ao presente da convertida — e descerrou à santa as portas do futuro...

Não há *ontem* tão pecador que o *hoje* do amor não possa converter num *amanhã* de santidade.

Não há Satanás que resista à vontade humana aliada à graça de Deus.

Rendeu-se o orgulho de Saulo, capitulou a luxúria de Agostinho ante a ofensiva dum grande idealismo.

Querer é poder!

Só não pode quem não sabe querer.

Tudo é possível àquele que quer.

Oh! quão injusta é toda a justiça humana!

Só tem olhos para ver o corpo dos nossos atos — e é cega para a alma da nossa atitude...

Bem fazem os artistas em representar a justiça de olhos vendados.

Quantas vezes é o homem realmente o contrário daquilo que parece ser!

Quantas vezes são os publicanos e pecadores, as Madalenas e samaritanos, melhores que sacerdotes e levitas, escribas e doutores da lei, que em "largos filactérios e borlas volumosas" fazem consistir a sua santidade!

Quantas vezes voltam para casa "ajustados" os publicanos que batem no peito — e voltam ainda mais culpados os fariseus que exibem a Deus a estatística dos seus jejuns e os catálogos de sua piedade!...

Eu sou aquilo que é o meu sincero querer — ainda que o meu frágil poder não valha transformar logo em perfeita realidade os longínquos ideais do meu espírito.

Eu sou o meu ideal...

Autoamor e Alo-Amor

Amar o próximo como a mim mesmo?
Então eu devo amar a mim mesmo?
Não me devo odiar?
Mas, se eu amo a mim mesmo, não é isso egoísmo? Não é amor-próprio?
Sim, amar a si mesmo é amor-próprio — mas não é egoísmo.
Amor-próprio é autoamor incluindo alo-amor.
Egoísmo é autoamor excluindo alo-amor.
Todos os Mestres mandam que o homem ame os outros como ama a si mesmo.
Todos recomendam autoamor como ponto de referência para o alo-amor.
Quem não tem autoamor não existe.
Ausência de autoamor é inexistência.
Se o meu Eu central não fosse Deus, não me poderia eu amar sem ser egoísta.
Se o meu Eu não fosse idêntico ao Deus no Tu, não poderia eu amar o Tu.
Se Eu e o Pai não fôssemos um, como poderia eu amar a Deus com toda a minha alma, com toda minha mente, com todo o meu coração e com todas as minhas forças?
Todo o amor verdadeiro é autoamor, porque é teo-amor.

E esse teo-amor também é tu-amor.

Por isso posso eu amar o Deus no Eu como amo o Deus no Tu — como amo o Deus em Tudo.

Quem vê Deus em tudo pode amar tudo em Deus.

O Deus do mundo no mundo de Deus.

Mas, como poderia eu amar o Deus em si, se não conheço o Deus em mim?

Conhecer a verdade em mim é conhecer o Deus da verdade.

Verdade é liberdade — liberdade é felicidade.

Por isso, orava Santo Agostinho: "Deus, conheça eu a ti, para que me conheça a mim".

Quem conhece o seu Eu central, e não apenas o seu ego periférico, esse conhece a Deus.

Por isso, dizia o Mestre: "Amarás o Senhor, teu Deus".

Estranhamente, a palavra Eu está contida na palavra D(EU)S.

Como poderia eu amar a Deus que não estivesse em mim?

E como poderia eu amar um Tu sem amar o Eu?

Deus no Eu e Deus no Tu.

Em Solitude Glacial

Procura a tua felicidade em fazer felizes os outros.
Pensa sempre em dar — e nunca em receber.
Dá-te aos homens aos quais possas ser pai, filho, irmão, amigo, servo samaritano, redentor.
Sê como um sol ardente no espaço glacial do universo, irradiando perenemente luz e calor, ainda que nada recebas em retribuição.
Lá se vão, dia a dia, esses oceanos de claridade solar, perdendo-se na vastidão do cosmos circunjacente, abismando-se na imensa frialdade do vácuo...
Consome-se o grande astro, há milhares de milênios, na vasta solitude do deserto cósmico, sem jamais perceber o menor efeito da sua constante irradiação.
Verdade é que, à distância de 150 milhões de quilômetros do seu foco, existe um pequenino planeta em cuja superfície produzem os raios solares epopeias de vida e beleza e desenham no espaço fantásticas pontes de sete cores — mas o Sol nada disso sabe, nada disso vê, nada disso sente nem adivinha...
A sua solidão é absoluta...
Assim, meu ignoto amigo, há de fatalmente acontecer a ti, a mim, a todos nós que queremos fazer o bem por causa do bem...
"Há mais felicidade em dar que em receber"...

Deus, o grande sol do universo espiritual, dá tudo e não recebe nada.

E quanto mais o homem se aproxima de Deus, mais participa desta felicíssima infelicidade, de sempre dar sem nunca receber.

Só pode dar sempre sem abrir falência o homem que dentro do próprio Eu possui inesgotável fonte de riqueza.

Não te iludas, meu amigo! Serás como uma voz a clamar no deserto...

Uma voz que, talvez, não desperte nenhum eco de amizade e compreensão, no silencioso saara das almas...

Talvez não surja no horizonte nenhum oásis de benevolência e amor, por mais que os teus olhos sedentos interroguem a intérmina monotonia do areal...

Entretanto, continua a dar aos homens o que tens e o que és — porque é divinamente belo dar sem esperança de receber.

Consome-te, solitário astro de incompreendido amor, exaure-te em pleno deserto de indiferença e ingratidão...

Ainda que nada percebas dos efeitos da tua irradiação, algures, é certo, brotam flores, cantam passarinhos, brilham olhos, sorriem lábios infantis, rejubilam corações humanos — porque tu, herói anônimo, existes:

Vives...

Oras...

Amas...

Sofres...

Adeus, Alma Querida

Se, no caminho do teu saara, encontrares uma alma que te queira bem, aceita em silêncio o suave ardor da sua benquerença — mas não lhe peças coisa alguma, não exijas, não reclames nada do ente querido.

Recebe com amor o que com amor te é dado — e continua a servir com perfeita humildade e despretensão.

Quando mais querida te for uma alma, tanto menos a explores, tanto mais lhe serve, sem nada esperar em retribuição.

No dia e na hora em que uma alma impuser a outra alma um dever, uma obrigação, começa a agonia do amor, da amizade.

Só num clima de absoluta espontaneidade pode viver esta plantinha delicada.

E quando então essa alma que te foi querida se afastar de ti — não a retenhas.

Deixa que se vá em plena liberdade.

Faze acompanhá-la dos anjos tutelares das tuas preces e saudades, para que em níveas asas a envolvam e de todo mal a defendam — mas não lhe peças que fique contigo.

Mais amiga te será ela, em espontânea liberdade, longe de ti — do que em forçada escravidão, perto de ti.

Deixa que ela siga os seus caminhos — ainda que esses caminhos a conduzam aos confins do universo, à mais extrema distância do teu habitáculo corpóreo.

Se entre essa alma e a tua existir afinidade espiritual, não há distância, não há em todo o universo espaço bastante grande que de ti possa alhear essa alma.

Ainda que ela erguesse voo e fixasse o seu tabernáculo para além das últimas praias do Sírio, para além das derradeiras fosforescências da Via-Láctea, para além das mais longínquas nebulosas de mundos em formação — contigo estaria essa alma querida...

Mas, se não vigorar afinidade espiritual entre ti e ela, poderá essa alma viver contigo sob o mesmo teto e contigo sentar-se à mesma mesa — não será tua, nem haverá entre vós verdadeira união e felicidade.

Para o espírito a proximidade espiritual é tudo — a distância material não é nada.

Compreende, ó homem — e vai para onde quiseres!

Ama — e estarás sempre perto do ente amado...

Em todo o universo...

Dentro de ti mesmo...

Contrabando

Meu amigo, por que viajas com tanta bagagem, rumo à fronteira do Além?

Terrenos e casas, dinheiro em papel e moeda, apólices e títulos — para que tanta bagagem?

Não sabes que tudo isso vai ser apreendido como contrabando, lá na fronteira do outro mundo?

Aprende a possuir o necessário — sem seres possuído pelo supérfluo.

Riquezas, honras e prazeres — tudo será confiscado, nem um só átomo passará para além...

O que é material fica para o mundo da matéria — o que é espiritual passa para o mundo do espírito.

Pobre de ti, milionário da matéria — e mendigo do espírito!

Veres-te subitamente de mãos vazias — tu, que andavas sempre de mãos repletas!

Não poderes salvar dos teus capitais um centavo sequer!

Por que não queres compreender, pobre analfabeto do espírito, a filosofia da eternidade?

Por que não procuras valores que possas levar para além da fronteira deste mundo?

Valores que não se desvalorizem naquele mundo espiritual?

Valores que circulem como moeda corrente no país para qual vais emigrar?

Se tivesses de emigrar daqui e imigrar para o Japão ou a China, não te interessarias pelos valores que nesses países circulam?

E por que não pensas em cambiar em valor espiritual os teus títulos materiais?

Se a isso não te levar a religião e a fé — levem-te a isso a filosofia e o bom senso.

Que aproveita ao homem possuir mil valores materiais — se lhe faltar o único valor espiritual?

Que valem muitos zeros: 000 000, se lhes faltar o único "1"?

O "1" valoriza todos os "000000": 1.000.000.

"Que aproveita ao homem ganhar o mundo inteiro — se chegar a sofrer prejuízo em sua alma?"

Nem com todos os mundos do universo se pode enriquecer uma alma...

Que tens tu, amigo, se tens o que não podes ter para sempre?

Que não possuis tu, amigo, se possuis o que sempre possuirás?

Aprende a possuir o que merece ser possuído — e despossuir-te do que não merece a tua posse.

Liberta-te da cobiça material com espontânea liberdade — antes que da matéria te despoje compulsoriamente morte cruel!

Ser despojado é sorte de escravo — libertar-se é virtude de herói...

Abre o Evangelho de Jesus Cristo e aprende a filosofia da vida — porque é a filosofia da vida eterna...

A sabedoria da eterna felicidade...

Tempestades Noturnas

Terremotos sinistros sacudiram minha alma...
Tempestades noturnas ulularam em derredor...
Infernos de dores rasgaram minha vida...
Ondas sobre ondas — de infinita amargura...
Todos os Cireneus desertaram ante as sombras sangrentas da cruz...
Todas as Verônicas negaram-me o sudário de humana caridade...
Nenhum samaritano pensou minhas chagas ardendo em fogo febril...
Sobre o fétido monturo de imensa tristeza gemia o solitário Jó de minh'alma.
Chamava a morte — e a morte não vinha...
Pedia aos túmulos piedade — e os túmulos não abriram suas fauces...
Suplicava ao nada que em seu vácuo me tragasse — e o nada negou essa migalha ao mendigo...
Voltei as pupilas semi-extintas de pranto às alturas do céu...
Um céu sem estrelas...
Senhor! clamava minh'alma em angústias mortais — por que te calas, Senhor?...
O teu silêncio me mata...
Dize uma palavra, Senhor, uma palavra ao menos!...

Mais cruel que a mais crua palavra é este crudelíssimo silêncio!...

E Ele — sempre calado...

Não me ouves, Senhor!... Por que não estendes teu braço potente?

Por que não imperas aos ventos e mares?... Por que dormes, Senhor, quando eu vou a pique?...

Por que me entregas aos elementos revoltos — por que me abandonas a potências infernais?...

E Ele — sempre calado...

E minh'alma sempre a sofrer, a sofrer...

E meu pranto sempre a correr, a correr...

Até que meus olhos, exaustos, me negaram o alívio supremo das lágrimas...

E o coração se estorcia, qual verme pisado, agonizante...

E Ele — sempre calado.

Cobri com uma camada de cinzas a brasa viva do meu espírito chagado...

E por detrás desse véu procurei um átomo de paz e sossego...

E pus-me a escutar o que me dizia o silêncio da voz sempre muda...

Ouvi o que dizia o mutismo atroz desses lábios fechados...

Adivinhei o sentido desse grande deserto.

E Ele — sempre calado...

Calei-me também...

Sofrerei em silêncio...

Beberei a última gota... do cálice...

De infinita amargura...

Beberei a dor sem alívio...

O veneno mortal do sofrimento a sós...

O abandono dos homens...

O desamparo de Deus...

Como Ele — sempre calado — no Gólgota...

Até que meus lábios digam: "Está consumado"...

Até que minh'alma suspire: "Pai, em tuas mãos entrego o meu espírito".

Amém... Amém... Amém...

Metamorfose

Homem cristão! Risca dos teus livros e de tua alma o esqueleto da morte!

Não foi o Cristo que tal coisa ensinou — foram cristãos que essa mentira inventaram.

A morte é um "sono", disse o Nazareno, tão amigo da vida como da morte.

A morte é um anjo de Deus vestido de crepe — mas com o sorriso da esperança nos lábios e fulgor da imortalidade nos olhos.

A morte é um mensageiro de Deus munido duma chave para descerrar-nos o cárcere corpóreo e restituir à alma a liberdade.

Por que temes, ó homem, uma natural metamorfose da tua existência?

Teria a lagarta medo de se enclausurar no casulo e dormir o sono da crisálida?

Não pressentiria ela, através dessa noite transitória, a alvorada duma existência mais bela e feliz?

Desejaria a lagarta ser eternamente lagarta?

Como estenderia então as asas diáfanas no mar azul dessa atmosfera cheia de luz?

Como completaria o ciclo da sua evolução sem essa morte aparente?

E por que receias tu, ó homem, mergulhar no sono hibernal da morte se ressuscitas para a vida primaveril dum novo mundo?

Desejarias ficar eternamente marcando passo na escola primária da vida terrestre?

Não sentes em ti o desejo de progredir de perfeição em perfeição?

Quanto mais o homem se espiritualiza, mais progride e evolve.

Quanto menos o homem é dominado pela matéria, tanto mais divino é.

A vida não vale só pelo que é — vale pelo que será.

A dor separa da ganga o ouro genuíno do caráter.

Quanto mais nos purificar o fogo da dor, tanto mais puros nos encontrará o dia da grande metamorfose.

Quanto mais nos desapegarmos da matéria em vida tanto mais imateriais seremos na morte.

Espiritualizar-se é preludiar a vida no mundo espiritual.

É antecipar o estado definitivo e integral do nosso ser.

É começar a ser o que seremos eternamente.

Desde o Gênesis até o Apocalipse ecoa pelas páginas lapidares da Sagrada Escritura o brado ingente e perene: "Sê espiritual, ó homem, porque Deus é espírito!"

Desde o eloquente Sermão da Montanha até ao silencioso sermão do Gólgota proclamaram os lábios do Nazareno o imperativo supremo: "Sede perfeitos assim como perfeito é vosso Pai celeste!"

Para que ao paraíso te leve a metamorfose da morte, deves tu mesmo, ó homem, realizar em ti a metamorfose da vida...

Espiritualizar-te...

Cristificar-te...

Divinizar-te...

O Homem Será o Que É

Explica-me, ó sábio dos sábios, o que nunca mortal algum me explicou:

Como pode, após-morte, haver homens integralmente bons e homens totalmente maus — se antes da morte só há homens semi-bons e semi-maus?...

Como pode ser plena luz diurna ou plena treva noturna o que sempre foi semi-luz crepuscular?...

Não há, nesta vida terrestre, homens bons e maus — há homens semi-bons e semi-maus...

Como podem, pois, uns entrar no reino de Deus, que é luz sem treva — e outros no reino de Satã, que é treva sem luz?

Explica-me, ó sabio dos sábios, tão inexplicável enigma...

Compreendo que o homem semi-bom e semi-mau entre no reino da purificação para se tornar pleni-bom — mas não compreendo como esse homem possa cair no abismo eterno onde só há pleni-maus...

Se em vida ele andou no crepúsculo da bondade e maldade parcial — como pode a morte lançá-lo à meia-noite da maldade integral?...

Se a vida não me fez totalmente mau — como pode a morte fazer de mim o que a vida não me fez?...

Será a não-vida mais poderosa que a vida?...

Explica-me, ó sábio dos sábios, esse tenebroso mistério.

Não sabes que todo o bem que praticamos vem sempre mesclado de elementos do mal?...

Ignoras que todo o nosso egoísmo, nossa vanglória e luxúria têm sempre uma parcela de bem — uma boa intenção derrotada, uma saudade longínqua, um amor deturpado, uma nobreza impotente, uma verdade iludida?...

Se os semi-bons perdem, no além, a escória do mal que lhes adere e se tornam pleni-bons — para onde vai o ouro dos semi-maus — para se tornarem, na morte, pleni-maus?...

Se aqueles pagam a Deus o seu débito sofrendo — por que não recebem estes o seu crédito gozando?...

Se aos semi-bons, tornados pleni-bons pelo sofrimento, lhes dá Deus cabal quitação — não é que aos semi-maus, torturados como pleni-maus sem gozarem, não lhes ficaria Deus devendo o prêmio do bem que praticaram?...

Se outra vida não houvesse — após a vida terrestre...

Nunca se tornaria o homem o que hoje não é.

Quem poderia, em poucos decênios, realizar-se plenamente?

Quem poderia aqui na escola primária da terra, atingir as alturas da Universidade do Espírito?

Se a minha evolução terminasse no aquém, seria supérfluo o além.

Mas uma voz misteriosa me diz que eu serei plenamente alhures o que sou apenas inicialmente aqui.

E, nessa esperança, eu sorrio através das minhas lágrimas — e rejubilo em todas as minhas tribulações.

Eu, o viajor do aquém,

Em demanda do além.

Chorões e Cipestres

Taciturnas sentinelas de túmulos silentes — filosofias díspares na mente evocais.

Verdes chorões, escuros ciprestes — quanto me dizem vossa atitude e caráter!

Chorão — desgrenhada cabeleira de medusa derrotista que a terra contempla...

Essa terra que tragou os restos mortais de um ente querido...

Cipreste — esguio obelisco que da terra foge em demanda do céu...[1]

Esse céu que o espírito imortal dum ente querido acolheu...

Chorão — decomposto, em descontrolada indisciplina de ramos pendentes — à mercê dos caprichos aéreos...

Cipreste — coluna cerrada, recolhida em si mesma, qual feixe de varas unidas.

Tendes razão — taciturnas sentinelas de túmulos silentes...

Quem a terra contempla e do céu se esquece — só pode tristezas chorar...

Quem às alturas se ergue em pleno campo da morte — pode um aleluia cantar...

---

[1] Entenda-se esse cipreste alto, estreito, esguio, em forma de verde coluna, que, no Sul, chamamos "tuia".

Voltou a matéria à matéria donde veio — voltou o espírito ao céu que existência lhe deu...

Cabal quitação de dívidas — de parte a parte!...

Por isso, só tem razão de júbilo o cipreste gentil — e motivo de tristeza não tem o chorão abatido...

Devedor da terra, pagou o corpo à credora o devido tributo — devedora do céu, solveu a alma o seu débito a Deus...

* * *

Fosse a alma uma chama que, extinta, volta ao nada —

Fosse apenas um som que, soando, se aniquila —

Fosse uma nuvem somente, que a aragem dissipa —

Fosse uma miragem falaz, que a realidade desmente —

Terias, tristonho chorão, por que para a terra pender o cabelo desfeito...

Terias por que prantear sem consolo a morte do que viver devia...

Terias por que maldizer espantosos paradoxos...

Terias por que revoltar-te contra um destino cruel...

Entretanto, aprende na escola do espiritual companheiro, chorão derrotista!

Aprende, analfabeto do espírito, a ciência divina:

Só morre a matéria mortal — sempre vive o espírito imortal!

Também, como poderia ao nada voltar o sopro de Deus?...

Como poderia decompor-se o que composto não é?...

Como deixaria de existir o que vida autônoma possui?...

Como morreria o que tem saudades duma vida sem fim?...

Taciturnas sentinelas de túmulos silentes — que da morte da vida falais —

Falai-me da vida sem morte!...

Da vida eterna!...

Serenidade Mística

Quando o homem ascende ao mais alto zênite do amor, desce ao mesmo tempo ao mais profundo nadir do sofrimento.

Dor e amor são conceitos correlativos, os dois pólos sobre os quais gira toda a vida superior.

O amor doloroso confere à alma a mais intensa clarividência de que ela é capaz.

Na culminância dessa hiperestesia espiritual atinge o homem a zona mística das grandes intuições, que não têm nome nos vocabulários humanos.

Esse estado é essencialmente anônimo.

Deus é o rei dos anônimos — e é por isso que os homens lhe dão tantos nomes, porque nenhum deles define o indefinível, o inominável.

Paulo tentou definir o estado anônimo do homem imerso na atmosfera da indefinível Divindade, mas acabou confessando que o que ouvira eram *árreta rémata* — "ditos indizíveis"...

Agostinho procurou atingir o intangível — mas capitulou, desanimado, e gemeu sob o peso da sua incompetência.

Teresa d'Ávila, João da Cruz, Eckhardt e tantos outros falam em "luminosa escuridão", em "solidão sonora", no "silencioso deserto da Divindade", no "vácuo da plenitude", e outros paradoxos que nada dizem — e muito fazem adivinhar...

Um desses ébrios da Divindade chega a dizer que esse estado místico é um "desnascimento" — e essa palavra é uma das mais felizes e verdadeiras.

Pelo nascimento se materializa o homem — é necessário desnascer para a matéria a fim de poder renascer para o espírito.

Nascer, desnascer, renascer — eis aí a mais concisa síntese biográfica do homem espiritual.

Na excelsitude da intuição mística, o homem não pensa mais em Deus — integra-se na silenciosa Divindade, assim como uma gotinha d'água se dilui num cálice de vinho.

Vive saturado de Deus, assim como uma esponja lançada ao mar.

Emigrou de si mesmo — e imigrou para dentro de Deus...

Muda-se então até o aspecto externo do homem; por menos que ele queira e saiba, a sua alma se reflete no semblante, nos gestos, no olhar, no timbre da voz, em toda a sua atitude...

O seu olhar adquire algo de vago, de longínquo, de neutral... Não se fixa mais nas coisas... Não as contempla com interesse... Desliza apenas sobre elas, como que a acariciá-las com as pupilas.

O homem espiritualizado e místico não odeia creatura alguma — nem se enamora de ser algum...

Passa pelo mundo aureolado duma benevolência serena, neutra, incolor, roçando de leve, com asas de andorinha, a superfície das coisas circunjacentes — essas coisas que, para outros, formam o cobiçado alvo de lufa-lufa cotidiana...

A sua alma é como a superfície plácida dum lago que nada faz senão refletir a claridade do sol e o azul do céu, e deixa-se sugar às alturas pelo grande astro, evaporando-se imperceptivelmente ao encontro do Sol...

Assim é o homem espiritual e místico, quando entra na atmosfera da anônima e inominável Divindade...

Espiritualidade

Quando o homem, desnascido para a matéria e renascido para o espírito, entra na zona anônima da contemplação mística — então passa ele pelo mundo como um sonâmbulo, alheio às realidades terrenas...

Nada mais o prende às coisas de outrora.

Tornou-se um estranho na terra — um alienígena na própria pátria...

O seu reino não é mais deste mundo, e por isso "não é compreendido por ninguém", como diz São Paulo.

A vida perdeu para ele a sua natural acerbidade.

Sofre também ele, mas não sofre como os profanos sofrem.

Não sente mais o peso do trabalho, do esforço, da fadiga.

Tudo lhe corre com leveza e espontânea naturalidade.

O seu viver já não é um "andar", é um imperceptível "deslizar".

Contempla de cima todas as coisas, com uma espécie de menosprezo, não com esse desprezo feroz do pessimista e desiludido da vida — mas com o menosprezo suave e benévolo do espírito superior e livre, que usa de benevolência para com todos os seres, porque se sabe intangível e invulnerável, assim como Jesus de Nazaré...

Esse homem não conhece mais o prurido doentio de censurar as faltas e fraquezas do próximo, nem toma nota das misérias humanas, senão para as aliviar.

E nesta atmosfera do espírito é natural e fácil proferir palavras como estas: "Pai, perdoa-lhes, porque não sabem o que fazem"...

É também neste clima, e só nele, que se compreende a suprema sabedoria daquela imensa loucura cristalizada no Sermão da Montanha:

"Bem-aventurados os que sofrem...

Bem-aventurados os que choram...

Bem-aventurados os que têm fome e sede...

Bem-aventurados os que são perseguidos...

Quando alguém te ferir na face direita — apresenta-lhe também a outra...

Quando alguém te roubar a túnica — cede-lhe também a capa...

Quando alguém te obrigar a acompanhá-lo mil passos — vai com ele dois mil...

Amai os vossos inimigos; fazei bem aos que vos fazem mal"...

Tudo isso, que ao analfabeto do espírito parece rematada loucura, e ao semi-espiritual se afigura extraordinário heroísmo — tudo isso é, para o homem pleni-espiritual e para o místico, evidente e perfeitamente natural.

É o seu clima, o seu pão cotidiano, o seu verdadeiro cristianismo.

Quando o homem atinge essa serena e imperturbável liberdade do espírito, essa universal neutralidade psíquica, essa sorridente leveza interior, essa inefável beatitude de nada querer possuir — então verifica ele que a sua aparente vacuidade é uma plenitude imensa.

Então compreende ele a divina filosofia do Cristo:

"É necessário perder — para possuir"...

"É preciso ser estulto — para se tornar sábio"...

"É preciso morrer — para viver"...

"É preciso fazer-se criança — para entrar no reino dos céus"...

Humanidade d'Aquém e d'Além

Não fales, meu amigo, em nome da humanidade!
A humanidade não é esta que nosso planeta habita...
Esta é apenas diminuta parcela da humanidade total...
Esta é parte mesquinha da humanidade sublime...
Vivem neste mundo mais de quatro bilhões de homens, diz a ciência.
Centenas de bilhões já passaram por este planeta — e se foram...
Para onde se foram eles...
Não se sumiram no vácuo e no nada...
Sabemos que o espírito imortal, uma vez que existe, para sempre pode existir.
Vive aqui a pequena humanidade — vive acolá a grande humanidade...
Nem somos a centésima parte do que eles são...
Nós somos os sonâmbulos — eles os acordados...
Acordados na luz eterna — se forem filhos da luz...
Agora, profanos — então, iniciados...
Agora, semivivos — então, pleni-vivos...
Agora crentes ou descrentes — então videntes ou voluntariamente cegos...

Nós aqui ignoramos se valeu a pena termos nascido — deles se sabe se a colheita valeu a sementeira...

Nós, ainda no invólucro desta vida mortal — eles sem máscara nem véu ao sol da verdade...

Nós, os principiantes, tateamos ao longo da estrada — eles, os avançados, se aproximaram da meta.

Hoje, no mundo material — amanhã, num ambiente imaterial...

Feliz do homem que no aquém tem fé no que verá no além...

Feliz de quem, pela fé no futuro, antecipa a visão do presente!

Feliz de quem, olhando para a aurora, aguarda o sol meridiano!...

Feliz de quem segue o "fio de Ariadne" — que do labirinto das trevas o conduzirá ao mundo da luz!...

Feliz de quem sofre o "espelho do enigma" das coisas presentes — para ver face a face as coisas futuras!...

Mais de 510 milhões deixam anualmente o mundo dos visíveis — e entram no mundo dos invisíveis...

Tombam milhões de gotinhas humanas das nuvens do aquém — no oceano imenso do além...

E amanhã — cairá esta gotinha também...

Cairá a tua, meu amigo...

Cairá a minha...

Voltando para donde veio...

Ao seio de outros mundos...

Rumo à meta final.

Visão de Praias Longínquas

Terminou, enfim, a grande batalha...
Cessou a ofensiva de longos decênios...
Expirou o dia trabalhoso da vida terrestre. Juncam a terra dormente cadáveres de folhas outonais...
Morreu no poente a derradeira retaguarda da luz — derrotada pela vanguarda da noite...
Para além se alonga, a perder de vista, a amplitude do mar...
Alva barquinha de velas pandas sulca a taciturna planície...
Rumo aos litorais do além envoltos em sombras pressagas...
Qual cisne veloz desliza a nave gentil — ao sopro das auras de Deus...
E eis que a meu lado assoma a figura do Mestre — meu grande amigo...
Visível, o invisível confidente das noites da vida...
Das longas agonias... das grandes solidões...
Das mágoas sem nome... dos mistérios anônimos...
Calmo, sereno, como a argêntea placidez do luar, é seu vulto heril...
Senta-se a meu lado o Mestre querido, empunhando o leme da nau...
E uma onda de luz e de vida envolve minha alma gelada...
— Aonde vamos, Mestre? — perguntei.

— Vamos para casa, meu filho — disse ele, com ligeiro suspiro. — Terminou o teu dia...

Tangem sinos ao longe... Preludiam a festa das almas...

* * *

Escutei... escutei... Era tão grande o silêncio...

Tão profunda a quietude da noite estrelada que adivinhei o tanger de sinos celestes...

Ao longe... muito ao longe — nos litorais do Infinito...

— Mestre — perguntei —, vamos para casa mesmo?...

— Sim, para casa, meu filho... Terminaste a carreira... Combateste o bom combate... Guardaste a fé... Vamos para casa...

— E até agora, onde estava eu?...

— No exílio, muitos anos. Vês esse pequenino planeta no espaço? Lá estavas tu...

Olhei e divisei um ponto de luz. E, fitando os olhos do Mestre, eu disse:

— Amigo divino! Infinitas graças te dou pelo que deste e pelo que és...

Perdão pelo mal que te fiz na pessoa dos homens!...

Afoga a minha miséria no mar da tua misericórdia... Absorve este arroio de águas turvas na imensa limpidez do teu oceano... Consome nos incêndios do teu amor a poeira da minha vaidade...

Ressuscita com as potências do teu espírito o lázaro de minh'alma...

Lava com as torrentes purpúreas do teu Gólgota as nódoas da minha Sodoma...

E disse o Mestre: "Vem, bendito de meu Pai... possui o reino"...

Calei-me... em êxtase...

E tangiam sinos...

Em praias longínquas...

© desta edição: Editora Martin Claret Ltda., 2024.

Direção
Martin Claret

Produção editorial
Carolina Marani Lima
Giovana Quadrotti

Imagem de capa
Evgeniya Khudyakova

Composição da capa
Allora

Revisão
Yara Camillo

Impressão e acabamento
Geográfica Editora

Dados Internacionais de Catalogação na Publicação (CIP)
(Câmara Brasileira do Livro, SP, Brasil)

Rohden, Huberto, 1893-1981.
De alma para alma / Huberto Rohden. — São Paulo: Martin Claret, 2024.

ISBN 978-65-5910-302-7

1. Meditação.   I. Título.

24-230036   CDD-291.432

Índices para catálogo sistemático:

1. Meditação: Religião comparada   291.432
Cibele Maria Dias - Bibliotecária - CRB-8/9427

EDITORA MARTIN CLARET LTDA.
Rua Alegrete, 62 — Bairro Sumaré — CEP: 01254-010 — São Paulo — SP
Tel.: (11) 3672-8144 — www.martinclaret.com.br
Impresso 2024

Leia também

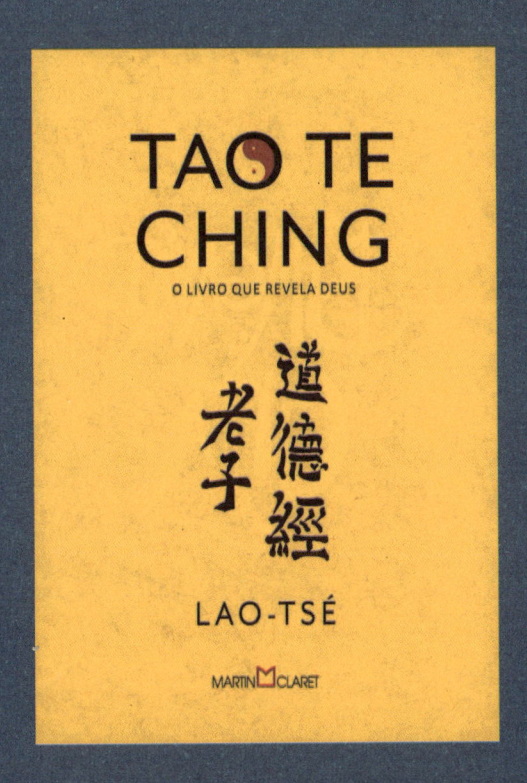

TAO TE CHING
O LIVRO QUE REVELA DEUS

道德經
老子

LAO-TSÉ

MARTIN CLARET

Tao Te Ching, ou O livro que revela Deus, é composto de antigos escritos chineses de importância profunda na inspiração de diversas religiões e filosofias, principalmente o Taoísmo e o Zen-Budismo. Escrito há cerca de 600 anos a.C por Lao-Tsé, *Tao Te Ching* tornou-se o livro de cabeceira de reis, chefes de estado, filósofos, políticos, executivos e grandes líderes religiosos da História. É uma obra imortal, uma vez que o Tao é o princípio e o fim de tudo, é o algo que não dominamos ou manipulamos, mas que aceitamos enquanto intuição.

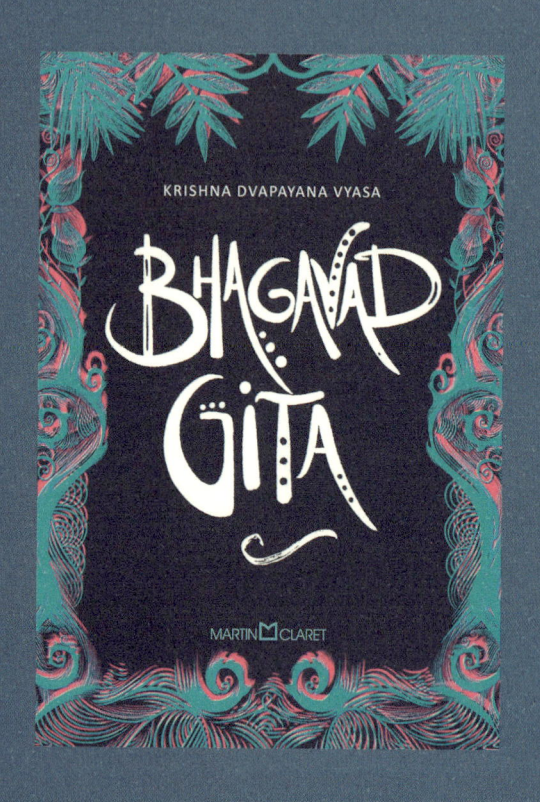

O *Bhagavad Gita*, poema místico-filosófico, é o episódio mais célebre do grande épico indiano Mahabharata e o texto mais venerado pelos hindus. Um manual de assertividade, ele nos aponta que a humanidade encontra-se perdida entre dois caminhos: o da passividade, em que o homem, consciente das leis do karma, opta por não agir; e o da agressividade, de acordo com o qual o homem age movido pelos próprios interesses. O *Bhagavad Gita* então aponta um novo caminho, o caminho do sábio: o agir de acordo com a essência suprema do ser, agir segundo os mais nobres valores.

KHALIL GIBRAN

Jesus
O FILHO DO HOMEM

MARTIN CLARET

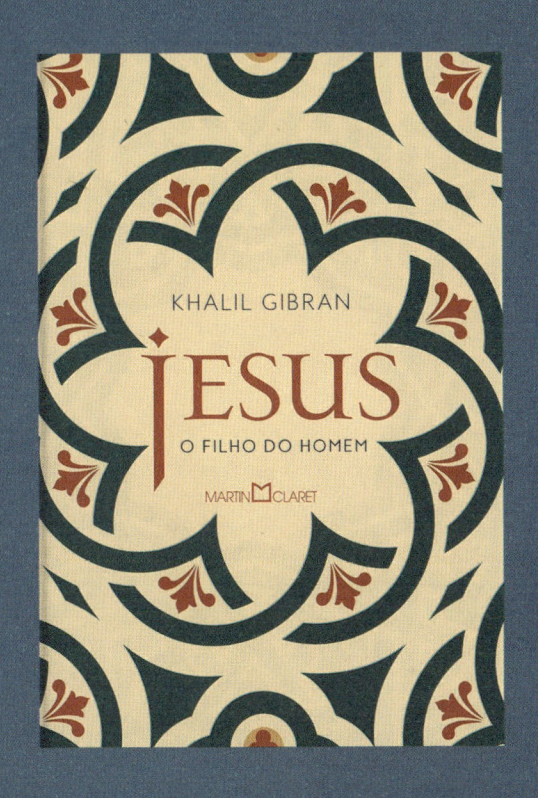

A obra literária de Khalil Gibran, acentuadamente romântica e influenciada pela Bíblia, Nietzsche e William Blake, trata de temas como o amor, a morte e a natureza. Escrita, originalmente, em inglês e árabe, expressa as inclinações religiosas e místicas do autor. *Jesus, o Filho do Homem* é uma de suas obras mais lindas e amadas. Partindo de documentações e relatos bíblicos, Gibran nos fornece vários retratos de Jesus. A obra possui uma mensagem inesquecível que agradará os leitores.

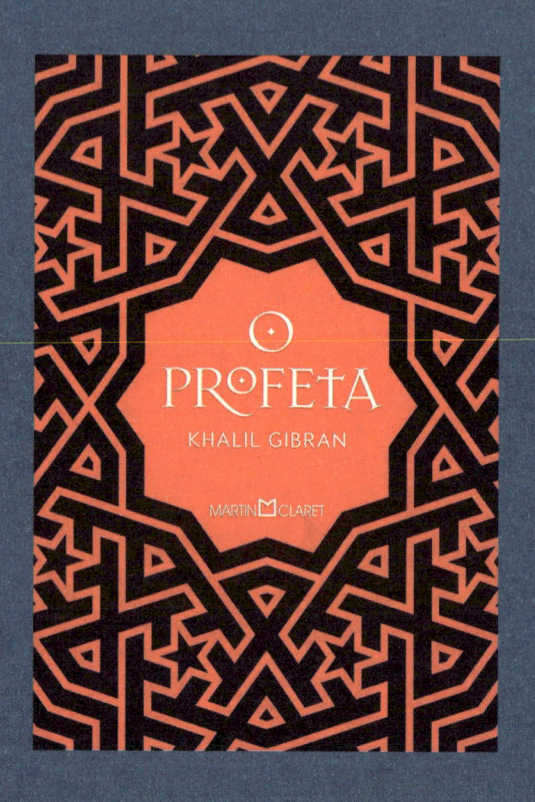

O *profeta*, obra-prima de Khalil Gibran, lançado em 1923, é um livro que inspira por meio de uma filosofia simples: viver bem com os nossos pensamentos, comportamentos e escolhas. Com sábias palavras, o autor propõe uma reflexão sobre a bondade e a beleza da vida. O profeta é uma obra acessível, para ler em todas as fases da vida, pois nos ensina sobre o amor, o trabalho, a alegria, a morte entre outros temas universais, por isso é um livro tão aclamado, com muitas edições e um grande número de leitores.